AI와 의료 임상

AI문고

인공지능 시대입니다. 기계가 인간의 인지를 대신하고, 사물이 인간을 통하지 않고 다른 사물과 직접 커뮤니케이션합니다. 이에 따른 인간 삶과 문명 변화를 정확히 이해 · 예측 · 대응하는 것은 이 시대 우리 모두의 과제입니다. AI문고는 인공지능 기술과 환경의 여러 주제를 10가지 키워드로 정리합니다. 관련 개념과 이론, 학계와 산업계의 쟁점, 우리 일상의 변화를 다룹니다. 인간과 기술의 현재, 미래를 세심히 분석합니다.

일러두기

- 인명, 작품명, 저서명, 개념어 등은 한글과 함께 괄호 안에 해당 국가의 원어를 병기했습니다.
- 외래어 표기는 현행 어문규정의 외래어표기법을 따랐습니다. 다만 '딥러닝', '딥마인드', '딥페이크' 등은 관행을 따랐습니다.

처음이세요?

전문가세요?

AI와 의료 임상

고범석

대한민국, 서울, 커뮤니케이션북스, 2024

AI와 의료 임상

지은이 고범석
펴낸이 박영률

초판 1쇄 펴낸날 2024년 8월 27일

커뮤니케이션북스(주)
출판 등록 2007년 8월 17일 제313-2007-000166호
02880 서울시 성북구 성북로 5-11
전화(02) 7474 001, 팩스(02) 736 5047
commbooks@commbooks.com
www.commbooks.com

ISBN 979-11-288-6643-2 03500

책값은 뒤표지에 표시되어 있습니다.

차례

임상 분야에서 AI의 현재와 미래

21세기 의료 분야는 급속한 기술 발전, 특히 인공지능(AI)의 도입으로 새로운 전환점을 맞이하고 있다. 과거에는 단순 보조 도구로 여겨졌던 의료 AI는 이제 기계 학습, 자연어 처리 기술의 발전에 힘입어 의료 서비스 전반을 재편하는 핵심 동력으로 부상했다. 특히 생성형 AI, 멀티모달 AI는 질병의 진단부터 예방, 치료, 환자 관리에 이르기까지 의료의 거의 모든 영역에서 혁신적인 변화를 이끌고 있다. 이러한 변화는 의료진에게는 더 정확하고 효율적인 의료 서비스를 제공할 수 있는 도구를 제공하고, 환자에게는 질병으로부터 자유로운 건강한 삶을 누릴 수 있는 기회를 제공할 것으로 기대된다.

본 글에서는 의료 인공지능의 현재 상황과 미래 전망을 심층적으로 분석하고, 실제 임상 현장에서의 활용 사례를 통해 그 가능성과 잠재력을 구체적으로 살펴보고자 한다. 또한, 의료 인공지능 기술 도입과 관련된 윤리적 쟁점과 사회적 과제를 심도 있게 논의하고, 이러한 과제 해결을 위한 다각적인 노력과 사회적 합의의 필요성을 강조하고자 한다.

AI 기반 검진 시스템: 정확성과 접근성 향상의 새로운 지평

AI는 의료 검진 시스템을 혁신적으로 개선하고 있으며, 질병의 조기 발견과 정확한 진단을 지원하는 데 크게 기여하고 있다. 딥러닝 알고리즘을 기반으로 하는 AI 시스템은 방대한 양의 의료 데이터를 분석해 의료진의 의사결정을 지원하고, 진단의 정확성을 높이는 데 기여한다. 특히, 의료 영상 분야에서의 AI 활용은 눈부신 발전을 이루고 있으며, 그 활용 범위는 점점 더 확대되고 있다.

영상 검진

AI 기반 X선, CT, MRI 분석 시스템은 인간 의사가 놓칠 수 있는 미세한 병변까지 감지해 각종 암의 조기 진단율을 높이고 불필요한 조직 검사를 줄이는 데 기여하고 있다. 또한 촬영 이미지의 판독 시간을 단축하고, 판독 결과의 정확성과 일관성을 향상시키는 데 도움을 줄 수 있다.

안저 질환 진단

당뇨병성 망막증, 황반변성, 녹내장 등의 안저 질환은 실

명의 주요 원인 중 하나이며, 조기 진단 및 치료가 중요하다. AI는 안저 사진을 분석해 안저 질환을 진단하고, 질병의 진행 단계를 분류하며, 치료 효과를 예측하는 데 활용될 수 있다. 특히, AI는 안과 전문의가 부족한 지역에서 안저 질환의 조기 진단율을 높이는 데 크게 기여할 수 있다.

개인 맞춤형 건강 위험도 평가

개인 맞춤형 의료는 질병 예방 및 건강 관리에서 중요한 화두로 떠오르고 있다. AI는 대규모 건강 검진 데이터 분석을 통해 개인별 맞춤형 건강 위험도를 평가하고 예방 조치를 제안할 수 있다. 예를 들어, 유전체 정보, 가족력, 생활 습관 데이터를 종합적으로 분석해 특정 질병에 대한 개인의 위험도를 예측하고, 그에 맞는 검진 계획, 생활 습관 개선 방안, 예방 접종 권고 등을 제공할 수 있다.

의료 서비스 접근성 향상

전 세계적으로 의료 서비스 접근성 불균형은 심각한 문제로 여겨지고 있다. AI 기반 검진 도구는 원격 의료 서비스 제공에도 활용될 수 있다. 특히, 의료 인프라가 부족한 지역에서 AI 기반 검진 도구를 활용하면 의료 서비스 접근성을 높이고 의료 불평등을 해소하는 데 기여할 수 있다. 예를 들어, 스마트폰 기반 안저 카메라와 AI 진단 알고리즘을 결합해 원격 안저 검진 서비스를 제공하거나, AI 기반 챗봇을 통해 환자의 증상을 초기 진료하고 필요한 경우 의료 기관 방문을 안내할 수 있다.

AI 기반 영상 및 병리 판독 보조 시스템: 전문의의 조력자

의료 영상 판독은 AI 기술이 가장 활발하게 적용되고 있는 분야 중 하나다. 딥러닝 기술을 활용한 AI 시스템은 X선, CT, MRI 등 다양한 의료 영상을 분석해 질병 진단에 필요한 정보를 제공하고 의료진의 의사 결정을 지원한다. AI 기반 영상 판독 보조 시스템은 의료진의 판독 시간을 단축하고, 진단 정확도를 향상시키며, 의료진 간 판독의 일관성을 확보하는 데 기여한다. 또한, 희귀 질환이나 복잡한 케이스에 대한 전문적인 판독 지원을 통해 의료 서비스의 질을 향상시키는 데 기여할 수 있다.

폐 CT 영상 분석

폐암은 전 세계적으로 암 사망률 1위를 차지하는 질환이며, 조기 진단이 매우 중요하다. AI는 폐 CT 영상에서 폐 결절을 감지하고 악성 여부를 예측하는 데 활용될 수 있다. 이는 폐암 조기 진단율을 높이고, 불필요한 조직 검사를 줄이며, 환자의 생존율을 향상시키는 데 기여할 수 있다. 또한, AI는 폐 CT 영상에서 폐기종, 폐렴, 폐 섬유증 등 다양한 폐 질환을 진단하는 데에도 활용될 수 있다.

뇌 MRI 분석

뇌졸중은 뇌혈관이 막히거나 터져서 발생하는 질환으로, 신속한 진단 및 치료가 매우 중요하다. AI는 뇌 MRI에서 뇌졸중이나 뇌종양을 감지하고 분류하는 데에도 활용되고 있다. AI는 뇌 영상 분석을 통해 질병의 위치, 크기, 형태 등을 정확하게 파악해 진단의 정확성을 높이는 데 기여할 수 있다. 또한, AI는 뇌 MRI에서 알츠하이머병, 파킨슨병, 다발성 경화증 등 다양한 뇌 질환의 진단을 보조할 수 있다.

심혈관 질환 진단

심혈관 질환은 심장과 혈관에 영향을 미치는 질환으로, 전 세계적으로 사망 원인 1위를 차지한다. AI는 심전도, 심초음파, 심혈관 CT 영상 등을 분석해 심혈관 질환을 진단하고, 질병의 위험도를 예측하며, 치료 효과를 모니터링하는 데 활용될 수 있다.

병리 이미지 분석

병리 이미지 분석은 암 진단 및 치료 계획 수립에 필수적인 과정이다. AI는 병리 이미지 분석을 통해 종양의 크기, 모양, 등급, 주변 조직 침범 정도 등 정량적인 데이터를 추출하고, 이를 기반으로 암의 진행 단계, 예후, 치료 반응성 등을 예측하는 데 활용될 수 있다. AI는 병리 이미지 분석의 효율성과 정확성을 높여 암 진단의 정확도를 향상시키고, 개인 맞춤형 치료 계획 수립에 기여할 수 있다.

AI 기반 임상 의사 결정 지원 시스템: 근거 기반 치료의 실현

의료 분야에서 근거 기반 의료의 중요성이 강조되면서, 최신 의학 지식과 임상 데이터를 기반으로 한 의사 결정의 필요성이 높아지고 있다. AI는 의사들의 임상 의사 결정을 지원하는 데 유용하게 활용될 수 있다. 방대한 의료 데이터, 연구 논문, 임상 가이드라인 등을 학습한 AI 시스템은 환자의 상태, 검사 결과, 의료 기록 등을 종합적으로 분석해 최적의 치료 방침을 제시하고, 의료진의 의사 결정을 지원할 수 있다.

개인 맞춤형 치료 권고

AI는 환자의 개별적인 특성을 고려한 맞춤형 치료 권고를 제공할 수 있다. 예를 들어 암 환자의 경우, AI는 종양의 유형, 크기, 위치, 병기, 유전체 정보, 환자의 나이, 건강 상태 등을 종합적으로 분석해 최적의 수술 방법, 항암제 종류 및 용량, 방사선 치료 계획 등을 제시할 수 있다.

약물 용량 및 투여 경로 최적화

약물 치료 효과를 극대화하고 부작용을 최소화하기 위해서는 환자에게 적절한 용량의 약물을 적합한 경로로 투여하는 것이 중요하다. AI는 환자의 신체적 특징, 건강 상태, 유전 정보, 복용 중인 다른 약물 등을 고려해 약물 용량 및 투여 경로를 최적화하는 데 활용될 수 있다.

치료 효과 예측 및 예후 예측

AI는 환자의 데이터를 분석해 특정 치료법에 대한 반응을 예측하고, 치료 효과를 높일 수 있는 요인을 파악하며, 치료 후 예후를 예측하는 데 활용될 수 있다. 이를 통해 의료진은 환자에게 가장 적합한 치료법을 선택하고,

치료 계획을 조정하며, 환자에게 치료 과정 및 예후에 대한 정보를 제공할 수 있다.

희귀 질환 진단 및 치료 지원

희귀 질환은 환자 수가 적어 진단과 치료가 어려운 경우가 많다. AI는 방대한 의료 데이터를 분석해 희귀 질환의 특징적인 증상 패턴을 파악하고, 진단을 지원하며, 치료법을 제시하는 데 활용될 수 있다.

임상 시험 설계 및 환자 모집

AI는 임상 시험의 효율성을 높이는 데에도 활용될 수 있다. AI는 방대한 의료 데이터를 분석해 임상 시험에 적합한 환자를 선별하고, 최적의 임상 시험 설계를 제안하며, 임상 시험 데이터를 분석하는 데 활용될 수 있다.

AI 기반 수술 지원 시스템: 정밀도와 안전성 향상

AI는 수술 분야에서도 정밀도와 안전성을 높이는 데 기여하고 있다. 로봇 수술, 내비게이션 시스템, 증강 현실(AR) 기술 등과 결합된 AI는 수술 전 계획 단계부터 수술 중 실시간 의사 결정 지원, 수술 후 관리에 이르기까지 수술의 전 과정에서 활용될 수 있다.

수술 계획 수립

AI는 환자의 영상 데이터를 분석해 수술 부위의 3차원 모델을 생성하고, 최적의 수술 경로를 제시하며, 예상 수술 시간, 출혈량, 합병증 발생 가능성 등을 예측하는 데 활용될 수 있다.

로봇 수술

AI 기반 로봇 수술 시스템은 의사의 손 움직임을 정밀하게 제어해 수술의 정확도와 안전성을 높일 수 있다. 특히, 복강경 수술과 흉강경 수술, 신경외과 수술 등 미세하고 정밀한 수술에 유용하게 활용될 수 있다.

수술 중 실시간 의사 결정 지원

AI는 수술 중 실시간으로 환자의 상태를 모니터링하고, 이상 징후 발생 시 의료진에게 즉각적으로 알려 적절한 조치를 취할 수 있도록 지원할 수 있다.

수술 후 합병증 예측 및 관리

AI는 수술 후 환자의 데이터를 분석해 합병증 발생 가능성을 예측하고, 조기에 진단하며, 적절한 치료를 제공하는 데 활용될 수 있다.

AI 기반 신약 개발: 시간 및 비용 절감, 성공률 향상의 열쇠

신약 개발은 막대한 시간과 비용이 소요되는 고위험, 고수익 산업이다. AI는 신약 개발 과정을 가속화하고 효율성을 높이는 데 크게 기여할 수 있다. AI는 신약 개발의 여러 단계에서 활용되어 시간과 비용을 절감하고 성공 확률을 높이는 데 기여한다.

약물 후보 물질 발굴

신약 개발의 첫 단계는 질병을 유발하는 단백질이나 유전자를 표적으로 하는 후보 물질을 찾는 것이다. AI는 방대한 화합물 데이터베이스를 분석한 뒤 특정 질병 타깃에 효과적일 가능성이 높은 물질을 예측해 신약 후보 물질 발굴을 가속화할 수 있다. AI는 기존 약물의 새로운 용도를 발견하는 '약물 재창출(drug repurposing)'에도 활용될 수 있다.

약물 독성 및 부작용 예측

전 임상 단계에서는 후보 물질의 안전성과 효능을 평가하기 위해 동물 실험을 진행한다. AI는 약물의 화학 구조, 약물 표적, 유전체 정보 등을 분석해 약물의 독성과 부작용을 예측하는 데 활용되어 안전성이 낮은 후보 물질을 조기에 배제할 수 있다.

임상 시험 설계 및 수행 지원

임상 시험은 신약 개발의 가장 중요한 단계 중 하나이며, 많은 시간과 비용이 소요된다. AI는 최적의 임상 시험 대상자를 선별하고, 임상 시험 과정에서 발생할 수 있는 문제를 예측하며, 데이터 분석을 통해 약물의 효과와 안전성을 평가하는 데 도움을 줄 수 있다.

약물 제조 공정 최적화

AI는 약물 제조 공정을 최적화해 생산 비용을 절감하고 생산 효율성을 높이는 데에도 활용될 수 있다.

AI 기반 환자 관리 시스템: 개인 맞춤형 케어 및 효율적인 관리 시스템 구축

AI는 입원 환자부터 만성 질환자의 재택 관리까지 다양한 환자 관리 영역에서 개인 맞춤형 케어를 제공하고 의료 서비스의 질을 향상시키는 데 활용될 수 있다.

병원 내 환자 상태 모니터링

병원에서는 환자의 상태를 실시간으로 모니터링하고, 응급 상황 발생 시 신속하게 대처하는 것이 중요하다. AI는 병원 내 환자의 활력 징후, 검사 결과, 투약 정보 등을 실시간으로 분석해 악화 위험이 있는 환자를 식별하고 의료진에게 알릴 수 있다. 예를 들어, 패혈증은 조기에 진단하고 치료하지 않으면 사망에 이를 수 있는 심각한 질환인데, AI는 환자의 활력 징후, 혈액 검사 결과, 전자 의무 기록(EMR) 데이터 등을 분석해 패혈증 발생 위험을 조기에 예측하고 의료진에게 경고를 보낼 수 있다.

만성 질환자 재택 관리

만성 질환자의 경우, 지속적인 관리와 생활 습관 개선을 통해 질병 악화를 예방하고 삶의 질을 유지하는 것이 중요하다. 웨어러블 기기나 스마트홈 센서를 통해 수집된 데이터를 AI가 분석해 환자의 건강 상태를 지속적으로 모니터링하고, 필요 시 의료진에게 알리거나 환자에게 적절한 조치를 안내할 수 있다. 예를 들어 당뇨병 환자의 경우, 혈당 측정기, 활동량계, 식습관 기록 애플리케이션 등을 통해 수집된 데이터를 AI가 분석해 환자의 혈당 변화 추이를 파악하고, 저혈당이나 고혈당 위험을 예측해 환자에게 적절한 조치를 취하도록 안내할 수 있다.

환자와의 소통 지원

AI 챗봇은 환자와의 소통을 보조해 간단한 건강 상담이나 약물 복용 안내, 생활 습관 개선 조언 등을 제공할 수 있다. AI 챗봇은 24시간 환자의 질문에 응답하고 필요한 정보를 제공해 의료진의 업무 부담을 줄이고 환자의 의료 서비스 접근성을 높일 수 있다. 또한, AI 챗봇은 환자의 감정 분석에 근거한 공감적 대화를 통해 환자의 불안감을 해소하고 치료 수준을 향상시키는 데에도 활용될 수 있다.

의료 기관 운영 효율화

AI는 의료 기관의 운영 효율화에도 기여할 수 있다. 예를 들어, AI는 환자 예약 스케줄 관리, 병상 배정 최적화, 의료 장비 관리, 의료 영상 데이터 저장 및 관리 등 다양한 업무를 자동화해 의료진의 업무 부담을 줄이고 의료 서비스의 효율성을 높일 수 있다.

AI 기반 예방 의료 시스템: 질병 예측 및 맞춤형 예방 전략 제시

현대 의료 패러다임은 질병 치료 중심에서 질병 예방 및 건강 관리 중심으로 변화하고 있다. AI는 개인의 유전 정보, 생활 습관, 환경 요인 등 다양한 데이터를 분석해 질병 위험을 예측하고 개인 맞춤형 예방 전략을 제시하는 데 활용될 수 있다.

개인 맞춤형 질병 예측 및 예방

AI는 개인의 유전체 정보를 분석해 특정 질병에 대한 유전적 위험도를 평가하고, 생활 습관과 환경 요인 등을 종합적으로 고려해 개인별 질병 발생 위험을 예측할 수 있다. 이를 통해 개인별 맞춤형 예방 전략 수립, 조기 검진 및 생활 습관 개선을 유도해 질병 발생 가능성을 낮추고 건강한 삶을 유지하도록 돕는다. 예를 들어, 심혈관 질환 고위험군으로 분류된 사람에게는 AI가 건강 검진 데이터, 가족력, 생활 습관 정보 등을 분석해 개인에게 최적화된 식단, 운동, 스트레스 관리법 등을 제시하고, 정기적인 건강 검진을 권유해 심혈관 질환 발병 위험을 낮출 수 있다.

공중 보건 감시 및 유행 예측

AI는 전염병 확산 경로 예측 및 예방에도 활용될 수 있다. AI는 실시간 감염병 발생 데이터, 인구 이동 데이터, 기후 데이터 등을 분석해 전염병 확산 경로를 예측하고, 감염 위험 지역을 예측해 예방 접종, 이동 제한 등의 조치를 사전에 준비할 수 있도록 지원한다. 또한, AI는 새로운 변이 바이러스 출현을 감시하고, 백신 및 치료제 개발에 필요한 정보를 제공해 팬데믹 상황에 효과적으로 대응하는 데 기여할 수 있다.

의료 인공지능의 미래 전망: 더욱 정밀하고 개인화된 의료 서비스를 향해

의료 임상 관련 인공지능은 아직 초기 단계이지만, 하루가 다르게 빠른 속도로 발전하고 있으며 의료 분야의 패러다임을 바꿀 것으로 예상된다. 특히, 멀티모달 AI, 설명 가능한 AI, 연합 학습 등의 기술 발전은 의료 인공지능의 성능과 신뢰성을 더욱 향상시킬 것으로 기대된다.

멀티모달 AI는 의료 영상, 유전체 데이터, 전자 의무기록, 생활 습관 정보 등 다양한 형태의 데이터를 통합적으로 분석해 더욱 정확하고 포괄적인 진단 및 치료 계획을 수립하는 데 기여할 수 있다.

설명 가능한 AI는 AI의 의사 결정 과정을 인간이 이해할 수 있는 방식으로 제시해 의료진의 AI 기술에 대한 신뢰도를 높이고, AI 기반 의료 서비스의 안전성을 확보하는 데 기여할 수 있다.

연합 학습은 여러 기관의 데이터를 공유하지 않고도 AI 모델을 학습할 수 있는 기술로, 개인 정보 보호 문제를 해결하고 의료 데이터 활용을 확대해 의료 인공지능의 성능을 향상시키는 데 기여할 수 있다.

의료 인공지능 도입과 관련된 윤리적 쟁점 및 사회적 과제

의료 인공지능의 발전은 의료 서비스의 질을 향상시키고 의료비를 절감할 수 있는 잠재력을 지니고 있지만, 동시에 윤리적 쟁점과 사회적 과제를 야기한다.

데이터 프라이버시 및 보안

의료 인공지능은 환자의 민감한 개인 정보를 다루기 때문에 데이터 프라이버시와 보안 문제에 대한 우려가 제기된다. 환자의 개인 정보가 유출되거나 악용될 경우 심각한 피해가 발생할 수 있으므로, 의료 데이터를 안전하게 보호하기 위한 법적·제도적 장치 마련이 필요하다.

알고리즘 편향

AI 알고리즘은 학습 데이터에 따라 편향될 수 있으며, 이는 특정 집단에 대한 차별적인 의료 서비스 제공으로 이어질 수 있다. 알고리즘 편향을 최소화하기 위해서는 다양한 배경을 가진 환자 데이터를 활용해 AI 모델을 개발하고, 지속적으로 모니터링하고 개선하는 노력이 필요하다.

책임 소재

AI 기반 의료 서비스 제공 과정에서 의료 사고 발생 시 책임 소재 규명이 모호해질 수 있다. AI의 판단 오류로 인해 환자에게 피해가 발생한 경우, 개발자, 의료진, 의료 기관 중 누구에게 책임을 물어야 하는지 명확하지 않다. 따라서 AI 기반 의료 서비스 제공에 대한 명확한 책임 소재 규명 권고안이 필요하다.

일자리 감소

의료 인공지능의 발전은 의료진의 역할 변화와 일자리 감소 가능성에 대한 우려를 불러일으킨다. AI가 의료진의 업무 일부를 대체하면서 일부 의료 직종의 고용 불안이 발생할 수 있다. 따라서 AI 도입에 따른 의료 인력 재

교육 및 새로운 의료 직종 창출을 위한 노력이 필요하다.

의료 불평등 심화

의료 인공지능 기술은 고가의 의료 장비와 고급 인력을 필요로 하기 때문에, 저소득층이나 의료 취약 계층의 경우 AI 기반 의료 서비스 접근성이 제한될 수 있다. 의료 인공지능 기술의 혜택이 모든 사람에게 골고루 돌아갈 수 있도록 의료 불평등 문제를 해결하기 위한 정책적 지원이 필요하다.

AI는 의료 분야에서 진단 정확성 향상, 치료 효율성 증대, 의료 서비스 접근성 개선 등 혁신적인 변화를 이끌고 있다. 그러나 AI 기술의 발전과 함께 윤리적 쟁점과 사회적 과제에 대한 지속적인 논의와 적절한 규제, 가이드라인 마련이 필요하다. AI는 의료진을 보완하고 환자에게 더 나은 의료 서비스를 제공하는 도구로 활용되어야 하며, 의료계와 사회는 AI 기술을 효과적이고 윤리적으로 활용하기 위한 노력을 지속해야 한다.

저자는 의사 면허 취득 후 25년 정도의 임상에서의 시간 동안 치료에 도움을 줄 수 있는 그 무언가에 대한 갈망이 있어 왔다. 많은 난치성 질환과 회복이 어려운 환자들 앞에서 한 명의 인간으로, 의사로서 한계를 느끼곤 했다. 방대한 최신 의료 지식의 보조를 받아 환자 치료 결정에 도움을 준다면… 24시간 환자의 작은 변화도 모니터링 할 수 있다면… 빠르고 정확한 영상, 병리 판독이 가능하다면… 이런 것들이 가능하다면 더 정확하고 빠른 치료로 환자의 일상으로의 안전하고 빠른 복귀가 가능할 것이라고 예상하고 기대했다. 이런 염원이 AI를 통해 점차 해결되고 있는 듯하다. 앞으로도 여러 난관이 있겠지만 당장 1년 후를 상상해 보면 AI가 적용된 임상에서의 변화는 실로 엄청날 것이다.

참고문헌

Acosta, J. N., et al.(2022). Multimodal biomedical AI. *Nature medicine*, 28(9), pp.1773-1784.

Alowais, S. A., et al.(2023). Revolutionizing healthcare: The role of artificial intelligence in clinical practice. *BMC medical education*, 23(1), pp.689-703.

Han, R., et al.(2023). Revolutionizing medicinal chemistry: The application of artificial intelligence (AI) in early drug discovery. *Pharmaceuticals*, 16(9), pp.1259-1292.

Huang, S., et al.(2023). Applications of clinical decision support systems in diabetes care: Scoping review. *Journal of medical internet research*, 25, e51024.

Johnson, K. B., et al.(2021). Precision medicine, AI, and the future of personalized health care. *Clinical and translational science*, 14(1), pp.86–93.

Lang, B. H., et al.(2023). Responsibility gaps and black box healthcare AI: Shared responsibilization as a solution. *Digital society*, 2(3), pp.52–69.

Liu, Y., et al.(2024). Evolution of surgical robot systems enhanced by artificial intelligence: A review. *Advanced intelligent systems*, 6(5), 2300268.

Oren, O., et al.(2020). Artificial intelligence in medical imaging: switching from radiographic pathological data to clinically meaningful endpoints. *The lancet digital health*, 2(9), .e486–e488.

Rajpurkar, P., et al.(2022). AI in health and medicine. *Nature medicine*, 28(1), pp.31–38.

Siala, H., & Wang, Y.(2022). SHIFTing artificial intelligence to be responsible in healthcare: A systematic review. *Social science & medicine*, 296, 114782.

Snoswell, C. L., et al.(2020). Determining if telehealth can reduce health system costs: Scoping review. *Journal of medical internet research*, 22(10), e17298.

Sutton, R. T., et al.(2020). An overview of clinical decision support systems: Benefits, risks, and strategies for success. *NPJ digital medicine*, 3(1), pp.17–26.

01
검진 시스템 향상

의료 진단 분야에서 인공지능(AI)의 역할은 날로 중요해지고 있다. AI는 신체 징후, 혈액 검사 결과, 의료 이미지를 분석해 질병의 조기 징후를 제공함으로써 의료진이 고위험 환자를 식별하고 조기 개입을 통해 질병의 진행을 예방할 수 있게 한다. AI를 활용한 검진 시스템의 향상에 관한 최근 연구 결과와 실제 사례를 통해 AI의 효용성을 살펴본다.

AI와 1인 창업?

AI의 진단 정확도 향상

AI는 다양한 의료 데이터를 분석해 높은 정확도로 질병을 진단할 수 있다. AI 알고리즘은 방사선 이미지, MRI, CT 스캔 등 다양한 의료 이미지를 분석해 종양이나 병변을 탐지한다. 연구에 따르면, AI는 인간 의료진보다 더 빠르고 정확하게 이미지를 분석할 수 있으며, 이는 조기 진단에 크게 기여한다. 이러한 기술은 특히 암 진단에서 유용하며, 종양의 크기와 위치를 정확히 파악하는 데 도움을 준다(Hunter et al., 2022).

AI의 진단 정확도를 높이기 위해 다양한 접근 방법이 사용되고 있다. 딥러닝 기술은 특히 이미지 분석에서 뛰어난 성능을 보이며, 종양, 염증, 출혈 등의 이상 징후를 탐지하는 데 매우 효과적이다. 예를 들어, AI 기반 영상 분석 기술은 유방암과 같은 특정 암 유형의 진단 민감도와 특이도를 크게 향상시킬 수 있다(Freeman et al., 2021).

AI를 이용한 의료 이미지 분석의 기술적 진보

고해상도 의료 영상 생성

초해상도 기법 등의 AI 모델을 사용해 저해상도 의료 영상을 고해상도로 변환하는 기술이 개발되고 있다(Qiu et al., 2023). 이를 통해 MRI, CT, X-ray 등의 의료 영상 품질을 향상시켜 작은 병변이나 구조를 더 선명하게 시각화할 수 있다. 또한 오래된 저해상도 의료 영상의 품질을 개선할 수 있다.

노이즈 제거 및 이미지 보정

딥러닝 모델을 활용해 의료 영상의 노이즈를 제거하고 경계를 선명하게 만드는 기술이 발전하고 있다. 이를 이용하면 저선량 CT의 영상을 개선해 방사선 노출을 줄이면서도 영상 품질을 유지할 수 있고, MRI 가속화를 통해 스캔 시간을 줄이면서 고품질 영상을 생성할 수 있다 (Paudyal et al., 2023). 이는 의료 이미지의 품질을 향상시켜 의사들의 진단 정확도를 높이는 데 기여한다.

자동화된 병변 감지 및 분류

AI 알고리즘을 통해 의료 영상에서 자동으로 병변을 감지하고 분류하는 기술이 발전하고 있다. 예를 들어, 뇌 영상에서 뇌졸중, 종양, 출혈 등을 자동으로 식별해 정확한 진단을 도울 수 있다. 최근에는 멀티모달 학습, 약지도 학습, 전이 학습, 연합 학습 등으로 고도화되고 있다.

다중 모달리티 분석

다양한 유형의 의료 영상(예: MRI, CT, X-ray)을 통합적으로 분석한 뒤 각 모달리티의 장점을 활용해 더 풍부한 정보를 추출함으로써 진단의 정확도가 향상되고 복잡한 질병의 다각적 이해가 가능한 AI 모델이 개발되고 있다. 예를 들어 왕 등(Wang et al., 2021)은 MRI, PET, 뇌척수액 데이터를 사용해 알츠하이머병 진단에 정확도를 높이는 알고리즘을 개발했다.

실시간 분석 및 모니터링

AI 기술을 활용해 수술 중이나 내시경 검사 중 실시간으로 의료 영상을 분석하고 의사의 의사 결정을 지원하며 중환자실에서 실시간 생체 신호를 분석해 위험 신호를 알리는 시스템이 발전하고 있다.

AI와 전자 의무 기록의 통합

AI의 진단 능력을 극대화하기 위해서는 전자 건강 기록과의 통합이 필요하다. 현재 대부분의 AI 시스템은 의료 이미지 데이터에만 접근할 수 있으며, 환자의 전체적인 건강 상태나 의료 기록을 파악하는 데는 한계가 있다. 그러나 향후 AI 시스템이 전자 의무 기록과 통합되어 환자의 전체적인 건강 상태를 고려한 진단과 치료 계획을 제공할 수 있다면, 의료 서비스의 질이 더욱 향상될 것이다.

최근 고속 시퀀싱과 웨어러블 기기와 같은 혁신적인 생의학 기술의 발전으로 인해 다중 오믹스 분자 데이터부터 실시간 연속 생체 신호에 이르기까지 다양한 다중 모달 생의학 데이터가 전례 없는 속도와 규모로 매일 생성되고 있다. 이러한 다중 모달 생의학 데이터는 정밀 의학을 현실에 가깝게 만들 수 있게 되었다. 그러나 데이터의 양과 복잡성 때문에 이러한 다중 모달 생의학 데이터를 잘 활용하기 위해서는 많은 노력이 필요하다(Tong et al., 2023).

전자 의무 기록과의 통합을 통해 AI는 환자의 전체적인 건강 데이터를 종합적으로 분석할 수 있다. 이는 보다 정확한 진단과 개인 맞춤형 치료 계획 수립에 큰 도움이 된다. 예를 들어, AI 알고리즘은 환자의 과거 의료 기록, 약물 복용 정보, 유전 정보 등을 종합적으로 분석해 최적의 치료 방안을 제시할 수 있다.

사례 연구

심혈관 질환

심혈관 질환의 조기 진단은 환자의 생명을 구하는 데 매우 중요하다. AI 기반 시스템은 심전도(ECG) 데이터를 분석해 심장 질환을 조기에 탐지할 수 있다. 예를 들어, 인도의 스타트업인 Tricog는 InstaECG와 InstaECHO와 같은 AI 솔루션을 통해 원격으로 심장 질환을 진단하고, 신속하게 치료 결정을 내릴 수 있도록 지원한다(Joshi et al., 2024). 또한, AI는 심혈관 질환의 위험 요인을 분석하는 데에도 유용하다. AI 알고리즘은 환자의 혈액 검사 결과와 생활 습관 데이터를 종합적으로 분석해 심장 질환의 발병 위험을 예측할 수 있으며, 이는 의료진이 고위험 환자를 식별하고 조기에 개입할 수 있게 한다.

안과 질환

AI는 당뇨성 망막병증과 같은 안과 질환의 조기 진단에서도 중요한 역할을 하고 있다. 인공지능 기반 기술은 당뇨병성 망막병증을 초기 단계에서 감지하고 등급을 매기는 데 사용되고 있다. 조기 발견은 적절한 치료를 가능하게 해 시력 문제를 예방할 수 있다(Bidwai et al., 2022). AI 기반 시스템은 안저 이미지를 분석해 당뇨성 망막병증을 조기에 발견할 수 있다. 이러한 시스템은 안과 전문의가 부족한 지역에서 특히 유용하며, 원격 진단을 통해 환자에게 신속하고 정확한 치료를 제공할 수 있다. 원격 진료를 위해서는 컴퓨터와 비디오카메라 등 복잡한 장비가 필요했지만, AI 기반 시스템은 간단히 스마트폰을 이용한 원격 진료도 가능하다. 망막 안저 이미지는 사람이 직접 또는 원격으로 평가할 수 있으며, AI 기술은 이 평가를 돕는 유용한 도구로 작용한다. 스마트폰의 보급과 AI 기술을 접목한 간편하고 저렴한 장비의 사용이 늘어나면, 전문적인 지식 없이도 망막 사진을 찍고 분석할 수 있게 된다. 이는 미래에는 가정에서도 더 많은 사람들이 안저 검사를 받을 수 있는 가능성을 열어 줄 것이다 (Pieczynski et al., 2021).

유방암

유방암 검진에도 AI의 역할이 주목받고 있다. 최근 연구 결과들은 AI가 유방암 진단의 정확도를 높이고 의료진의 업무를 효과적으로 보조할 수 있음을 보여 주고 있다. 유럽 영상 의학 학술지에 게재된 연구에 따르면, AI 솔루션의 암 진단 능력이 1차 판독 전문의와 유사하거나 더 나은 수준을 보여 주었다. 특히 AI는 잠재적 암 사례를 더 많이 식별하고 간격 암 발견율도 높았으며, 이전 유방 촬영술에서 암의 23%를 조기에 식별했다. 분류 메커니즘으로 AI를 채택하면 작업 부하를 거의 70%까지 줄일 수 있었다(Seker et al., 2024). 이는 AI가 유방 이상 징후를 놓치지 않고 효과적으로 감지할 수 있음을 의미한다.

또한, AI 기반 탐지 및 진단 의사 결정 지원 도구의 개발로 유방 초음파 검사의 정확도가 크게 향상되고 있다. 이러한 유방 초음파 AI는 자원이 제한된 환경에서도 의료 제공을 개선해 유방 병변 탐지, 특성화, 분류 및 예후 결정을 위해 임상 실무에 활용될 수 있다는 잠재력을 보여 준다(Brot & Mango, 2024). AI의 도입은 단순히 진단 정확도 향상에 그치지 않으며, 위양성 진단을 획기적으로 줄일 수 있어서 환자들의 불필요한 불안과 추가 검사로 인한 부담을 경감시킬 수 있다. 이는 의료 자원의 효율적 활용과 환자 경험 개선으로 이어질 수 있는 중요한 진전이다.

참고문헌

Bidwai, P., et al.(2022). A systematic literature review on diabetic retinopathy using an artificial intelligence approach. *Big data and cognitive computing*, 6(4), pp.152-192.

Brot, H. F., & Mango, V. L.(2024). Artificial intelligence in breast ultrasound: application in clinical practice. *Ultrasonography*, 43(1), pp.3-14.

Freeman, K., et al.(2021). Use of artificial intelligence for image analysis in breast cancer screening programmes: Systematic review of test accuracy. *BMJ*, 374. DOI: 10.1136/bmj.n1872

Hunter, B., et al.(2022). The role of artificial intelligence in early cancer diagnosis. *Cancers*, 14(6), pp.1524–1543.

Joshi, V. D., et al.(2024). Artificial intelligence (AI) for healthcare: India retrospective. In *Analyzing current digital healthcare trends using social networks* (pp.26–53). IGI Global.

Paudyal, R., et al.(2023). Artificial intelligence in CT and MR imaging for oncological applications. *Cancers*, 15(9), pp.2573–2594.

Pieczynski, J., et al.(2021). The role of telemedicine, in-home testing and artificial intelligence to alleviate an increasingly burdened healthcare system: Diabetic retinopathy. *Ophthalmology and therapy*, 10(3), pp.445–464.

Qiu, D., et al.(2023). Medical image super-resolution reconstruction algorithms based on deep learning: A survey. *Computer methods and programs in biomedicine*, 238. DOI: 10.1016/j.cmpb.2023.107590

Seker, M. E., et al.(2024). Diagnostic capabilities of artificial intelligence as an additional reader in a breast cancer screening program. *European radiology*, pp.1–13.

Tong, L., et al.(2023). Integrating multi-omics data with EHR for precision medicine using advanced artificial intelligence. *IEEE Reviews in Biomedical Engineering*.

Wang, Y., et al.(2021). Assisted diagnosis of alzheimer's disease based on deep learning and multimodal feature fusion. *Complexity*, 2021(1). DOI: 10.1155/2021/6626728

02
영상 판독 보조의 허와 실

의료 영상 판독에서 인공지능의 활용은 빠르게 발전하고 있으며, 이로 인해 판독의 정확성과 효율성이 크게 향상될 가능성이 있다. 하지만 AI의 도입은 다양한 문제점을 수반하며, 최종 판독에 대한 책임 문제도 여전히 존재한다. 본 사설에서는 AI 보조 영상 판독의 장단점을 문헌을 통해 상세히 분석하고, 이를 통해 향후 발전 방향을 제시하고자 한다.

AI와 MBTI?

AI 영상 판독 보조의 장점

정확도 향상

AI는 의료 영상 판독의 정확도를 크게 향상시킬 수 있다. 최근 연구에 따르면 AI 기반 도구를 동시에 사용하면 영상의학과 전문의의 유방암 검진 유방 촬영 판독 성능이 향상될 수 있음이 입증되었다, 이는 판독의 신뢰성을 높이는 데 기여한다(Díaz et al., 2024). AI는 대규모 데이터 세트를 학습해 인간이 놓칠 수 있는 미세한 패턴을 감지할 수 있는 능력이 있다. 예를 들어, 가파르 니아 등(Ghaffar Nia et al., 2023)의 연구에서는 AI가 다양한 영상 데이터를 분석해 암, 심장, 폐, 피부, 유전, 신경 장애 등 수많은 질병을 진단하고 조기에 발견하는 데 효과적임을 보였다. 폐암 진단 시 AI를 사용한 CT 스캔에서 폐 결절 분할은 폐암의 조기 발견 및 치료에서 탁월한 성능을 보여 주었으며, 높은 정확도로 영상 전문의 6명을 능가하는 성과를 보여 줬다(Ardila et al., 2019). 심근병 진단과 관련해 고토 등(Goto et al., 2021)은 심장 아밀로이드증을 감지하기 위해 심전도와 심장 초음파의 결합을 기반으로 하는 인간의 해석이 필요 없는 기계 학습 파이프라인을 개발했다. 다기관 연구를 통해 인공 지능을 활용한 완전 자동화된 감지 모델이 심장 아밀로이드증 진단에서 전문 심장 전문의의 해석을 능가하는 것으로 확인되었다.

판독 시간 단축

AI의 가장 주목할 만한 이점 중 하나는 의료 이미지 분석 속도를 가속화하는 능력이다. 전통적으로 의료 영상 분석은 인간의 전문 지식에 크게 의존해 왔으며, 이는 데이터양의 증가와 리소스 제약으로 인해 불일치와 어려움을 겪을 수 있다. 반면, AI 알고리즘은 대량의 영상 데이터를 신속하게 분석하고 관련 특징을 일관되게 식별해 표준화된 평가를 제공하는 능력을 입증했다(Sharma, 2023). 흉부 영상 분야에서 AI 기반 시스템은 폐 결절, 결핵, 코로나19 변화 등 다양한 이상 징후를 감지하는 데 도움을 주어 잠재적으로 해석에 필요한 시간을 줄이고 진단 정확도를 향상시킬 수 있는 가능성을 보여 주었다(Dave & Patel, 2023; Ghaffar Nia et al., 2023).

일관성 유지

AI는 인간과 달리 개인적인 경험, 감정, 또는 선입견에 영향을 받지 않고 프로그래밍된 알고리즘과 학습된 데이터를 기반으로 작동하기 때문에, 동일한 유형의 영상에 대해 항상 일관된 분석을 제공해 객관성이 유지된다. 또한 피로를 느끼지 않기 때문에 장시간 작업하거나 많은 양의 영상을 분석해도 성능이 저하되지 않는다. 검체 슬라이드 판독에 있어서도 AI는 세포의 크기, 형태, 밀도 등을 정확하게 측정하고 수치화할 수 있어 병리 판독의 표준화를 돕고, 기관 간 판독의 일관성을 높일 수 있다(Kang, 2023).

조기 진단

AI는 인간의 눈으로 포착하기 어려운 작은 변화나 패턴을 감지할 수 있어 질병의 초기 단계에서 중요한 징후를 발견하는 데 도움이 된다. 특히 희귀 질환이나 복잡한 케이스에서 유용할 수 있다. 현재 영상을 바탕으로 미래의 질병 발생 위험을 예측할 수도 있다는 연구들이 보고되고 있다. 예를 들면 후세인 등(Hussain et al., 2024)은 유방 촬영에서 AI 알고리즘을 이용해 미래에 유방암이 발생할 가능성을 예측할 수 있다고 했다.

신경 퇴행성 질환에서도 AI 조기 진단이 가능하다. 특히 알츠하이머병과 파킨슨병을 조기에 발견하는 데 중요한 역할을 한다. 정교한 AI 알고리즘은 MR 이미지를 분석해 이러한 질병과 관련된 특정 바이오마커나 특징적인 패턴을 감지하도록 설계되었다. 이러한 질병을 진단하기 위해 중요한 뇌 구조나 기능의 미세한 변화를 식별하는 작업에서 AI는 더욱 효율적으로 작동한다. AI는 세밀한 복셀 수준의 패턴을 감지하고, 객관적이고 정량적인 평가를 제공할 수 있기 때문에 이런 질병의 조기 발견과 진단에 큰 도움을 준다(Lui et al., 2020).

의료 접근성 개선

전문의가 부족한 지역에서도 AI 시스템을 통해 언어의 제한 없이 고품질의 영상 판독 서비스를 제공할 수 있어 의료 서비스의 지역 간 불균형을 줄이는 데 도움이 된다. 시간에 구애받지 않고 항상 사용 가능하며 응급 상황에서 신속한 초기 판독을 제공할 수 있다. 또한 대규모 선별 검사를 통해 더 많은 사람들이 조기 진단의 혜택을 받을 수 있으며 신속한 분석으로 진단 결과를 빠르게 받을 수 있어 환자의 대기 시간을 줄일 수 있다. AI는 희귀 질환에 대한 데이터도 학습할 수 있어서 전문가가 아니어도 희귀 질환의 가능성을 초기에 감지할 수 있다(Schaefer et al., 2020).

AI 영상 판독 보조의 단점

데이터 편향성과 대표성 부족

AI 모델 학습에 사용되는 의료 영상 데이터가 특정 집단이나 조건에 불균형적으로 치우쳐 있을 수 있다. 예를 들어, 데이터 세트가 특정 인종, 성별, 연령대에 대한 정보를 더 많이 포함하고 있거나 특정 질병 사례만을 중심으로 구성되어 있을 때 편향성이 발생한다. 편향된 데이터로 학습한 AI 모델은 특정 집단에 대해 오진하거나 부정확한 진단을 내릴 가능성이 높다. 예를 들어, 주로 백인 환자의 데이터를 학습한 AI는 다른 인종에 대해서는 낮은 진단 정확도를 보일 수 있다. 대표성이 부족한 데이터로 학습한 AI 모델은 새로운 환자나 다양한 상황에서 잘 작동하지 않을 수 있다. 이는 모델의 일반화 능력을 저하시킨다. AI가 특정 질병이나 상태에 대해서만 학습하게 되면, 다양한 의료 상황에서 진단 및 판독 능력이 제한될 수 있다(Daneshjou et al., 2021). 따라서 대표성 있는 데이터를 확보하고 모델을 재훈련하는 데 추가적인 비용과 시간이 필요할 수 있다. 이러한 문제를 해결하기 위해 다양한 인종, 성별, 연령대, 지역, 질병 상태를 포함한 데이터를 수집해 학습 데이터의 다양성을 높이고, 부족한 데이터 집단을 보강하기 위해 데이터 증강 기법을 사용하거나, 다양한 출처에서 데이터를 수집해 보완한다.

위양성 증가

AI 지원 이미지 해석의 주요 과제 중 하나는 위양성 비율이 증가할 가능성이 있다는 것이다. 일반적으로 병변의 유형과 생물학적 공격성을 무시한 채 병변을 감지하는 것으로 정의되며, 이는 AI 성능에 대한 왜곡된 표현을 생성할 수 있다(Oren et al., 2020). 이로 인해 환자에게 불안과 과도한 스트레스를 줄 수 있으며, 불필요한 추가 검사나 처치로 인한 비용과 시간이 많이 들어 의료 자원이 비효율적으로 사용될 수 있다. 이를 방지하기 위해 다중 AI 모델 사용해 종합적으로 판단하고 AI 판독 결과를 항상 의료진이 검토하는 것이 중요하다.

재검토의 문제

AI가 모든 영상을 분석한 후 의료진이 재검토해야 한다면, 결과적으로 의료진의 업무량이 증가할 수 있다. 특히 응급 상황에서는 이러한 지연이 치명적일 수 있다. 이는 AI 도입의 주요 목적 중 하나인 효율성 증대에 역행할 수 있으며, 추가적인 비용이 발생해 의료비 상승으로 이어질 수 있다. AI와 의료진의 판단이 불일치할 경우, 이를 해결하는 프로토콜이 명확하지 않을 수 있어서 재검토 과정의 표준화가 필요할 수 있다.

법적 문제

영상 전문의는 광범위한 교육, 임상 지식 및 연마된 진단 기술을 활용해 미묘하고 상황에 맞는 평가를 제공함으로써 의료 이미지 해석에서 중요한 역할을 한다. 그들은 이미지를 해석할 뿐만 아니라 결과를 전달하고 품질을 평가하며, 환자 관리에 대한 정보에 근거한 권장 사항을 제시하는 역할도 담당한다. 따라서 최종 진단 및 치료 결정은 여전히 의료진의 책임으로, AI의 판독을 맹신하면 안 된다. 하지만 AI 판독을 무시하고 잘못된 진단을 내렸을 경우에도 책임 문제가 발생할 수 있다. 현재 대부분의 법체계는 AI의 책임을 명확히 규정하지 않고 있어서 AI 시스템 개발자, 의료 기관, 의료진 간의 책임 분배가 불명확할 수 있다. 결과적으로 AI는 영상 전문의의 작업 흐름과 의사 결정 과정을 지원하는 귀중한 도구 역할을 할 수 있지만 인간 전문 지식을 대체하는 것으로 간주되어서는 안 된다.

보안 및 개인 정보 보호

의료 데이터는 민감한 개인 정보를 포함하고 있어, AI 시스템이 해킹당하거나 데이터 유출 시 환자 프라이버시 침해, 신원 도용, 금융 사기 등 심각한 문제가 발생할 수 있다. 특히 클라우드 기반 외부 업체 AI 알고리즘을 이용하는 경우 네트워크를 통한 해킹 위험이 증가할 수 있다. 이를 방지하기 위해 의료 데이터를 AI 시스템에서 사용할 때는 환자 식별 정보를 제거하거나 익명화해야 한다. 익명화된 데이터라도 여러 데이터 세트를 결합해 재식별할 수 있는 위험이 있다. 따라서 데이터 익명화 기법을 철저히 적용하고 재식별 위험을 최소화해야 한다(Sei et al., 2022).

참고문헌

Ardila, D., et al.(2019). End-to-end lung cancer screening with three-dimensional deep learning on low-dose chest computed tomography. *Nature medicine*, 25(6), pp.954-961.

Daneshjou, R., et al.(2021). Lack of transparency and potential bias in artificial intelligence data sets and algorithms: A scoping review. *JAMA dermatology*, 157(11), pp.1362-1369.

Dave, M. & Patel, N.(2023). Artificial intelligence in healthcare and education. *Springer Nature*, 234(10), 761–764. https://doi.org/10.1038/s41415-023-5845-2

Díaz, O., et al.(2024). Artificial Intelligence for breast cancer detection: Technology, challenges, and prospects. *European journal of radiology*, 111457.

Ghaffar Nia, N., et al.(2023). Evaluation of artificial intelligence techniques in disease diagnosis and prediction. *Discover artificial intelligence*, 3(1), pp.5–18.

Goto, S., et al.(2021). Artificial intelligence-enabled fully automated detection of cardiac amyloidosis using electrocardiograms and echocardiograms. *Nature communications*, 12(1), pp.1–12.

Hussain S, A. M., et al.(2024). Breast cancer risk prediction using machine learning: A systematic review. *Frontiers in oncology*, 14, 1343627.

Kang, J. S.(2023). Application of Artificial Intelligence-based Digital Pathology in Biomedical Research. *Biomedical science letters*, 29(2), pp.53–57.

Lui, Y., et al.(2020). Artificial intelligence in neuroradiology: current status and future directions. *American journal of neuroradiology*, 41(8), pp.e52–e59.

Oren, O., et al.(2020). Artificial intelligence in medical imaging: Switching from radiographic pathological data to clinically meaningful endpoints. *The lancet digital health*, 2(9), pp.e486–e488.

Schaefer, J., et al.(2020). The use of machine learning in rare diseases: a scoping review. *Orphanet journal of rare diseases*, 15, pp.1–10.

Sei, Y., et al.(2022). Re-identification in differentially private incomplete datasets. *IEEE Open journal of the computer society*, 3, pp.62–72.

Sharma, S.(2023). Artificial intelligence for fracture diagnosis in orthopedic X–rays: current developments and future potential. *EDP Sciences*, 9, 21–21. https://doi.org/10.1051/sicotj/2023018

03
임상 의사 결정 지원 시스템

임상 의사 결정 지원 시스템(clinical decision support systems, CDSS)은 환자의 예방 · 진단 · 치료에서 임상의의 의사 결정을 도와주는 중요한 도구로, 현대 의료 시스템에서 그 중요성이 점점 더 커지고 있다. CDSS는 방대한 데이터를 기반으로 실시간으로 정보를 제공해 환자 맞춤형 치료를 지원하며, 의료 오류를 줄이고 치료의 효율성을 높이는 데 기여한다. 그러나 이러한 시스템의 효과적인 활용을 위해서는 적절한 정보 입력, 보험 적용 등의 현실적인 문제들이 해결되어야 한다.

AI와 난임 극복?

임상 의사 결정 지원 시스템의 정의와 주요 기능

임상 의사 결정 지원 시스템(clinical decision support systems, 이하 CDSS)은 임상 지식과 환자 정보, 기타 건강 정보를 통해 의학적 결정을 향상함으로써 의료 서비스 제공을 개선하기 위한 것이다. CDSS는 주로 전자 건강 기록 시스템과 통합되어 사용되며, 의사들이 진료 과정에서 필요한 정보를 실시간으로 제공한다. 이를 통해 진단 정확도를 높이고 치료 계획을 최적화하며, 환자의 상태를 지속적으로 모니터링할 수 있다. 주요 기능은 다음과 같다.

진단 지원

CDSS는 진단 정확도를 높이고 환자 결과를 개선할 수 있는 잠재력을 제공한다. 이러한 시스템은 고급 알고리즘과 기계 학습 기술을 활용해 증상과 병력 같은 환자 데이터를 분석하고 임상의에게 진단 및 치료를 위한 맞춤형 권장 사항을 제공한다. 예를 들면 유방암을 발견하는 데 선별 결과를 향상시키고, 위음성 및 위양성을 줄이며, 관찰자가 놓친 미묘한 이상을 감지할 수 있는 잠재력을 가지고 있어서 경험이 풍부한 영상 의학 전문의조차 능가할 수 있는 것으로 보고되었다(Díaz et al., 2024).

치료 계획 수립

CDSS는 최신 의료 지침과 프로토콜을 기반으로 진단과 치료에 대한 권고 사항을 제공한다. 이는 특히 복잡한 사례에서 의료진이 최적의 치료 방법을 선택하는 데 큰 도움이 될 수 있다. CDSS는 환자의 과거 병력, 현재 상태, 검사 결과 등을 종합적으로 분석해 예측 모델을 구축한다. 이를 통해 특정 치료나 중재가 필요한 시점을 예측하거나, 잠재적인 합병증 발생 가능성을 경고한다.

CDSS는 의료 서비스 제공자가 환자에게 고품질의 맞춤형 진료를 제공하는 데 도움을 줄 수 있는 강력한 도구로 등장했다. 의료에서 가장 흔한 과오 중 하나는 투약 과오로, 미국에서는 매년 거의 7000명이 투약 오류로 사망하며 그중 32~69%는 예방할 수 있을 것으로 판단된다(Donaldson et al., 2000). CDSS 시스템은 환자별 데이터를 활용해 잠재적인 약물 상호 작용 및 부작용과 같은 요인을 고려하며 맞춤형 치료 권장 사항을 생성해서 치료에 도움을 준다(Shahmoradi et al., 2021).

중환자실은 환자 상태가 매우 불안정하고 급격하게 변할 수 있는 환경이기 때문에 신속하고 정확한 의사 결정이 필수적이다. CDSS는 환자의 바이탈 사인(혈압, 심박수, 산소 포화도 등)을 실시간으로 모니터링하고, 임곗값을 초과하거나 위험 신호가 감지되면 의료진에게 즉각적인 경고를 보낸다. 이를 통해 빠른 대응이 가능해지고, 환자의 상태 악화를 예방할 수 있다. 또한 의료진이 많은 양의 데이터를 빠르게 처리하고 중요한 정보를 도출하는 데 도움을 준다. 이는 의료진의 업무 부담을 줄이고 의사 결정의 효율성을 높인다. 최근 연구에 따르면, CDSS는 환자의 생리적 데이터를 실시간으로 분석해 의료진에게 유용한 통찰력을 제공함으로써 치료의 정확성을 높이고 중환자의 예후를 개선하는 데 기여하고 있다(Hak et al., 2022). 이러한 시스템은 특히 복잡한 중환자 치료 환경에서 신속하고 정확한 의사 결정을 지원하는 데 필수적이다.

예방 의료

CDSS는 유전자 정보를 활용해 개인 맞춤형 예방 전략을 제안할 수 있다. 이는 환자가 고위험군으로 식별되었을 때 생활 습관 개선, 정기적인 검사, 예방 접종 등을 통해 질병 예방 효과를 극대화하는 데 도움을 준다. 이러한 접근법은 특히 심장 질환, 암, 당뇨병 등의 만성 질환에서 예방적 관리의 효과를 높이는 데 중요한 역할을 한다(Sutton et al., 2020).

심혈관 질환(CVD)은 전 세계적으로 질병률과 사망률의 주요 원인으로 남아 있다. CDSS는 환자의 다양한 건강 정보를 통합해 심혈관 질환의 위험을 평가하고 예측할 수 있다. 예를 들어, 환자의 나이와 성별, 혈압, 콜레스테롤 수치, 흡연 여부 등 여러 변수를 고려한 심혈관 질환 발생 가능성 계산을 통해 고위험군 환자를 조기에 발견하고 예방 조치를 취할 수 있다. CDSS는 위험 평가, 진단, 치료 최적화, CVD 모니터링 및 조기 경고 분야에서 의료 전문가에게 보다 정확하고 개인화된 정보를 제공함으로써 환자 치료에서 중요한 역할을 한다(Bozyel et al., 2024).

CDSS는 환자의 생활 습관에 대한 정보를 바탕으로 개인 맞춤형 생활 습관 개선 권장 사항을 제공할 수 있다. 예를 들어, 운동 계획, 식단 변경, 금연 프로그램 등을 제안해 환자가 심혈관 건강을 유지하도록 돕는다. CDSS는 혈압 데이터를 분석하고 환자의 약물 복용 기록을 모니터링해 적절한 약물 치료를 권장하며, 약물 상호 작용을 분석해 부작용을 예방하고 올바른 약물 사용을 촉진한다. 이를 통해 혈압이나 콜레스테롤 수치를 효과적으로 관리할 수 있다.

CDSS는 당뇨병 및 고혈압과 같은 만성 질환 관리에

중요한 역할을 한다. CDSS는 환자별로 맞춤형 치료 권장 사항을 제공해 치료의 효율성을 높인다. 예를 들어, 당뇨병 치료 개선에 CDSS 적용은 효과적이고 안전하며, 특히 경험이 부족한 의사와 의료 자원에 대한 접근이 제한된 환자에게 당뇨병 치료에서 잠재적으로 신뢰할 수 있는 보조자가 될 수 있다(Huang et al., 2023).

CDSS는 예방 접종 일정을 관리하고, 필요한 예방 접종을 환자에게 상기시킨다. 또한, 환자의 접종 기록을 추적해 필요한 시기에 적절한 예방 접종이 이루어지도록 도와줄 수 있다. 예를 들어, 독감 예방 접종이나 HPV 백신, 소아 예방 접종 일정 등을 관리해 적절한 시기의 투여에 도움이 된다.

CDSS는 최신 의료 지침과 환자의 건강 상태를 바탕으로 적절한 선별 검사를 권장할 수 있다. 이를 통해 조기에 질병을 발견하고 치료할 수 있다. 이전에 암 검진의 장벽은 의료 제공자의 권유가 부족한 것으로 보고되었다. 예를 들어, 대장암 검진을 완료하라는 의사의 권고가 환자에게 직접적인 영향을 미친다는 보고가 있다. 환자가 중요성을 이해할 때 지식 공유는 암 검진에 대한 장벽을 줄일 수 있다. CDSS는 암 검진 검사 주문을 촉진하고 용이하게 할 수 있다(Kelsey et al., 2020).

CDSS의 한계와 발전 방법

CDSS의 한계

부적절한 데이터와 관련해 다양한 출처, 특히 전자 건강 기록에서 수집된 임상 데이터가 불일치 또는 부정확하거나 누락된 정보를 포함할 수 있기 때문에 CDSS 권고의 신뢰성을 저하시킬 수 있다(Sutton et al., 2020).

보험과 관련해서는 CDSS 도입으로 인한 실질적인 의료 질 향상과 비용 절감 효과를 명확하게 제시해야만 보험 적용을 검토할 수 있으나, 현재까지 진행된 연구들은 대부분 단일 기관 또는 제한된 환경에서 수행되었으며 장기적인 효과를 검증하기 위한 대규모 연구는 부족한 상황이다.

이는 역시 CDSS의 신뢰도 부족으로 이어져 의사들의 수용이 낮아질 수 있다. 잘못된 정보로 인한 환자의 피해 발생 시 책임 소재의 문제도 있다.

CDSS의 발전 전망

CDSS는 AI와 머신러닝 기술의 발전에 따라 더욱 정교해지고 있다. 예를 들어, 자연어 처리(natural language processing, NLP) 기술을 활용해 의사의 임상 기록에서 유용한 정보를 추출하고 분석하는 시스템이 개발되어 고도화되고 있다. 또한 웨어러블 장치와 원격 모니터링 시스템에서 수집한 실시간 데이터를 통합해 더욱 정확한 진단과 치료를 지원할 수 있다.

또한, 의료 기록과 영상 등 다중 모달 데이터 분석을 통해 환자의 상태를 종합적으로 평가하는 시스템이 개발되어 보다 포괄적이고 정밀한 의사 결정을 가능하게 한다.

참고문헌

Bozyel, S., et al.(2024). Artificial Intelligence-based clinical decision support systems in cardiovascular diseases. *Anatolian journal of cardiology*, 28(2), pp.74-86.

Clinical Decision Support for Immunization (CDSi). Retrieved from https://www.cdc.gov/vaccines/programs/iis/cdsi.html

Díaz, O., et al.(2024). Artificial intelligence for breast cancer detection: Technology, challenges, and prospects. *European journal of radiology*, 111457.

Donaldson, M. S., et al.(2000). *To err is human: Building a safer health system*. Washington (DC): National Academies Press.

Hak, F., et al.(2022). Towards an effective clinical decision support system in intensive medicine. *Procedia computer science*, 210, pp.236-241.

Huang, S., et al.(2023). Applications of clinical decision support systems in diabetes care: Scoping review. *Journal of medical internet research*, 25, e51024.

Kelsey, E. A., et al.(2020). Understanding user acceptance of clinical decision support systems to promote increased cancer screening rates in a primary care practice. *Journal of primary care & community health*, 11, 2150132720958832.

Shahmoradi, L., et al.(2021). Clinical decision support systems–based interventions to improve medication outcomes: A systematic literature review on features and effects. *Medical journal of the Islamic Republic of Iran*, 35, 27.

Sutton, R. T., et al.(2020). An overview of clinical decision support systems: Benefits, risks, and strategies for success. *NPJ digital medicine*, 3(1), 17.

04
응급실에서의 AI 보조

응급실은 환자의 생명을 구하기 위해 신속하고 정확한 의사 결정을 요구하는 환경이다. 이러한 환경에서 의료진은 많은 환자들을 빠르고 효과적으로 관리해야 하는 도전에 직면한다. AI의 도입은 중증도 분류, 영상 분석, 예후 예측 등 다양한 영역에서 진단의 정확도와 신속한 처치를 돕는 혁신적인 도구로 주목받고 있다. 본 챕터에서는 응급실에서 AI의 역할과 그 효과를 여러 사례와 함께 심도 있게 살펴보고자 한다.

AI와 사주?

AI를 통한 중증도 분류

응급실에서는 환자의 중증도를 신속하게 평가해 적절한 처치를 제공하는 것이 중요하다. AI는 이러한 중증도 분류에서 유용한 도구가 될 수 있다. 예를 들어, AI 기반의 심전도(Electrocardiography, ECG) 알고리즘은 응급실에서 중증도 평가에 효과적임을 입증했다. AI-ECG를 적용해 초기 코로나19 중증도 예측에 일조함으로써 환자 관리 개선에 도움이 될 수 있었다(Baek et al., 2023). 이러한 시스템은 의료진의 주관적 판단에 의존하는 전통적인 방법과 비교할 때 더 신뢰할 수 있는 결과를 제공하며, 궁극적으로 더 빠른 환자 처리가 가능하게 한다.

챗지피티(ChatGPT) 같은 대규모 언어 모델(LLM) 기반 생성 인공지능도 응급실 진료에 도움이 된다. 응급 중증도 지수를 기반으로 LLM에게 즉시 조치가 필요한 환자와 응급 환자, 혹은 비응급 환자를 구분하도록 지시한 뒤 실제 전문의들의 판단과 비교한 연구에서 전문의 등 의료진이 데이터를 통해 분류한 결과 정확도가 86%였으나 LLM은 89%의 환자를 정확하게 즉시, 응급, 비응급으로 나누는 데 성공해 의료진보다 더 정확하게 중증도를 구분했다(Williams et al., 2024).

또 다른 예로는 응급실 진료의 과밀화와 직원 부족에

대한 보고가 증가함에 따라 응급실 분류를 지원하기 위해 개발 중인 로봇 보조 분류를 위한 진단 AI 시스템(diagnostic AI system for robot-assisted triage, DAISY)을 이용한 연구 결과 응급실에서 환자 대기 시간 감소, 선별 과정 간소화, 적절한 진단 요청 및 추가 환자 검사, 긴급한 주의가 필요한 환자 식별 등에 도움이 된다고 보고되었다(Townsend et al., 2023).

진단 지원

영상 분석

영상 분석은 응급실에서 중요한 역할을 한다. AI는 환자의 영상 이미지를 분석해 더 빠르고 정확하게 진단을 내릴 수 있도록 돕는다. AI 기술은 특히 뇌졸중과 같은 급성 질환의 진단에서 그 강점을 발휘한다. 뇌졸중은 신속한 진단과 치료가 환자의 생존율과 직결된다. AI는 비대조 CT 스캔을 자동으로 분석해 출혈성 뇌졸중과 허혈성 뇌졸중을 빠르게 구별할 수 있으며, 이는 신경학적 손상을 최소화하고 치료를 가속화하는 데 중요한 역할을 한다. AI를 이용한 이미지 판독 보조로 빠른 진단이 가능해 전문 센터로 환자를 이송하거나 입원시키는 시간이 단축되었다(Sheth et al., 2023).

정확하고 신속한 흉부 영상 판독은 적절한 치료법을 선택하고 환자의 결과를 개선하는 데 결정적인 역할을 한다. 흉부 영상 판독은 기본 영상 의학의 기술로 간주되지만 여전히 어려운 작업이며, 영상 의학 전문의의 경험, 업무량, 환경에 따라 달라진다. 강력하고 효율적인 AI 알고리즘의 개발은 특히 영상 판독 해석에 소요되는 시간과 응답의 정확성이 매우 중요한 기흉, 폐렴, 코로나 19, 심부전, 흉막 삼출 등의 비상 상황에서 효과적으로 이용될 수 있다(Irmici et al., 2023).

심장 질환에서 AI는 초음파 영상을 분석해 심장 기능을 평가하고, 심부전을 비롯한 기타 심장 질환을 조기에 발견하는 데 유용하다. 이는 특히 응급 상황에서 신속한 진단이 필요한 경우에 큰 도움이 된다. AI는 비디오 분석을 통해 심장 기능을 자동으로 평가할 수 있으며, 이는 의료진의 부담을 줄이고 진단의 정확도를 높인다. 저렴한 휴대용 장치의 개발로 인해 향후 수십 년 동안 현장 진단 초음파에 대한 접근성이 더욱 높아질 것으로 예상된다(Stewart et al., 2021).

심장 초음파는 광범위한 접근성, 휴대 가능성, 경제성 등의 주요 이점을 제공한다. 그러나 심장 초음파 영상의 해석에서는 다른 심혈관 영상 기술에 비해 관찰자 간 변동성이 두드러진다는 단점이 있다. 이러한 문제를 해결하기 위해 AI는 관찰자의 변동성을 줄이고 진단의 정확성을 높이는 데 중요한 역할을 할 수 있는 잠재력을 가지고 있다(Dell'Angela & Nicolosi, 2022).

자연어 처리

응급실에서 AI 기반 자연어 처리 기술을 활용하면 다양한 방식으로 진료 프로세스를 최적화하고 의료진의 업무 부담을 줄이며 환자 치료 결과를 개선할 수 있다.

예를 들어 의료진의 음성을 텍스트로 변환하고, 중요한 의료 정보를 자동으로 추출해 의무 기록을 작성하는 등 의료진은 환자 진료에 더 많은 시간을 할애할 수 있다. 또한 방대한 양의 환자 기록에서 필요한 정보를 빠르게 검색하고 요약해 제공받을 수 있다. 예를 들어, 특정 증상이나 약물 복용 기록, 과거 진단 등을 신속히 찾아 응급 환자 처치에 도움을 받을 수 있다. 또한 단시간에 의무 기록과 환자의 발언을 분석해 위험 신호를 감지하고, 즉시 의료진에게 알릴 수 있다. 예를 들어, 환자가 가슴 통증을 호소할 때 즉시 심근경색의 가능성을 의사에게 경고해 진료에 도움을 받을 수 있다.

진료 프로세스의 최적화

예후 예측

응급실에서 환자의 예후를 정확하게 예측하는 것은 자원 관리와 치료 계획 수립에 있어서 매우 중요하다. AI는 전통적인 통계 모델보다 여러 측면에서 우수한 예측 성능을 보여 준다. AI 알고리즘은 환자의 나이, 성별, 과거 병력, 검사 결과, 의료 영상 데이터 등 다양한 변수를 종합적으로 고려해 예후를 예측할 수 있다. 또한, AI는 지속적으로 새로운 데이터를 학습하며 모델을 개선함으로써 예측 정확도를 지속적으로 향상시킬 수 있다(Silva et al., 2023).

병원 내 심정지는 생존율이 낮고, 의료 자원의 집중적 소모를 초래하는 주요 공공 보건 의료 부담이므로 발생을 예측하고 최소화하는 것이 중요하다. 응급 의료 서비스를 통해 이송된 환자의 병원 전 단계에서 얻은 데이터를 활용한 AI 기반 예측 모델을 개발해 응급실에서 적용한 결과 AI 알고리즘이 응급실에서 심정지 발생을 효과적으로 예측한다는 사실이 확인되었으며, 응급실 혼잡 등 병원 요인이 예측 모델의 주요 요인임을 확인할 수 있었다(Kim et al., 2022).

AI는 환자의 데이터를 분석해 예후를 예측하고, 이를

통해 의료진이 더 나은 의사 결정을 할 수 있도록 지원한다. 이러한 예측 모델은 중환자실 필요성을 예측하거나 퇴원 가능성을 판단하는 데 유용하게 활용될 수 있다. 연구자들은 심장 마비를 예측 · 감지하고, 다섯 가지 종류의 심장 박동을 식별하기 위해 인공 신경망을 개발했다. 이러한 신경망은 기존 기계 학습 시스템보다 성능이 뛰어나며 병원에서 심장 마비를 정확하게 감지하는 데에서 트리거를 추적한다(Hosseini et al., 2023).

응급실은 제한된 자원 내에서 급성 및 생명이 위험한 환자들에게 신속한 의료 서비스를 제공해야 하는 과제를 안고 있다. 이를 위해, 환자의 긴급도를 정확하게 판단하고, 부작용의 위험을 사전에 예측하는 것이 중요하다. 기존의 척도 기반 시스템은 실무 경험과 주관적 판단에 따라 정확도나 신뢰도에 문제가 발생할 가능성이 높으나 예측 모델은 응급실에서 이러한 위험을 정량적으로 추정하는 유용한 도구이며, 특히 AI 학습 모델은 높은 정확도로 효과적인 환자 분류를 지원한다(Chan et al., 2023). 실제 응급실에서 AI를 적용한 결과, 미국 존스홉킨스병원(Johns Hopkins Hospital)의 응급 서비스 및 용량 관리 담당 최고 행정 책임자인 제임스 슐렌(James Scheulen)에 따르면 AI 기술의 결과로 "응급실 환자가

30% 더 빨리 침대에 배정되었고, 수술실에서 전송 지연이 70% 감소했다. 다른 병원에서 환자를 태우기 위해 구급차가 63분 더 빨리 파견되며, 다른 지역 및 국립 병원의 복잡한 질병을 가진 환자를 수용하는 능력이 60% 향상되었다"라고 보고했다(Forbes, 2019.2.11).

환자 흐름 관리

AI는 응급실의 전반적인 워크 플로를 분석하고 최적화해 환자 대기 시간을 줄이고 의료 자원을 효율적으로 배치하는 데 도움을 준다. 이는 전체적인 환자 흐름을 개선하고 응급실 과밀화를 완화하는 데 기여할 수 있다. AI 알고리즘은 과거 환자 데이터, 입원율, 계절적 패턴을 분석해 환자 흐름과 자원 수요를 정확하게 예측할 수 있다. 이를 통해 병원 관리자는 직원, 병상, 장비를 효과적으로 배치하고 대기 시간을 최소화할 수 있다. 결과적으로 응급 의료 센터의 환자 밀도를 최적의 상태로 유지하는 데 기여한다(오성진, 2023.7.3).

참고문헌

오성진(2023.7.3). 응급의료체계 개편과 인공지능(AI) 활용 응급실 미래. 데일리메디.

https://www.dailymedi.com/news/news_view.php?wr_id=899487

Baek, Y.-S., et al.(2023). Artificial intelligence-enhanced electrocardiography for early assessment of coronavirus disease 2019 severity. *Scientific reports*, 13(1), 15187.

Chan, S. L., et al.(2023). Implementation of prediction models in the emergency department from an implementation science perspective-determinants, outcomes, and real-world impact: A scoping review. *Annals of emergency medicine*, 82(1), pp.22-36.

Dell'Angela, L., & Nicolosi, G. L.(2022). Artificial intelligence applied to cardiovascular imaging, a critical focus on echocardiography: The point-of-view from "the other side of the coin". *Journal of clinical ultrasound*, 50(6), pp.772-780.

Forbes(2019.2.11). The hospital will see you now. https://www.forbes.com/sites/insights-intelai/2019/02/11/the-hospital-will-see-you-now/#4c9b42ae408a

Hosseini, M. M., et al.(2023). The aspects of running artificial intelligence in emergency care; A scoping review. *Archives of academic emergency medicine*, 11(1), pp.e38-e67.

Irmici, G., et al.(2023). Chest x-ray in emergency radiology: What artificial intelligence applications are available?. *Diagnostics*, 13(2), pp.216-233.

Kim, J. H., et al.(2022). Development of a machine-learning algorithm to predict in-hospital cardiac arrest for emergency department patients using a nationwide database. *Scientific reports*, 12(1), 21797.

Sheth, S. A., et al.(2023). Machine learning and acute stroke imaging. *Journal of neurointerventional surgery*, 15(2), pp.195–199.

Silva, E., et al.(2023). Predicting hospital emergency department visits accurately: A systematic review. *The international journal of health planning and management*, 38(4), pp.904–917.

Stewart, J. E., et al.(2021). Artificial intelligence-enhanced echocardiography in the emergency department. *Emergency medicine Australasia*, 33(6), pp.1117–1120.

Townsend, B. A., et al.(2023). Medical practitioner perspectives on AI in emergency triage. *Frontiers in digital health*, 5, 1297073.

Williams, C. Y., et al.(2024). Use of a large language model to assess clinical acuity of adults in the emergency department. *JAMA Network open*, 7(5), pp.e248895–e248895.

05
수술 보조, 수술 자동화

AI는 수술 보조와 자동화 분야에서 그 잠재력을 두드러지게 보여 주고 있다. AI는 전문가의 방대한 수술 데이터를 학습해 수술 중 정밀한 내비게이션을 제공하고, 집도의의 움직임을 보조함으로써 수술의 정확성, 안전성, 효율성을 크게 향상시킬 수 있다. 이는 수술 성적의 상향 평준화와 환자에게 균등한 의료 서비스를 제공하는 데 중요한 역할을 할 것이다. AI 기반 수술 보조 및 자동화의 현재 상태와 발전 가능성, 그리고 이와 관련된 주요 연구들을 심도 있게 검토한다.

AI와 아이돌?

AI 기반 수술 보조의 필요성

수술 전 영상 데이터와 수술 중 실시간 영상을 결합함으로써 AI 알고리즘은 외과 의사에게 증강된 시각화, 탐색 지원 및 의사 결정 지원을 제공할 수 있다. 이러한 도구는 수술 정밀도를 향상시키고, 절차상의 위험을 줄이며, 최소 침습 기술을 가능하게 해 궁극적으로 환자 안전과 수술 결과를 향상시킨다.

외과 의사는 수술의 성공과 안전에 결정적인 영향을 미치는 정보 전달 공간에서 수술 진행을 하며 최근 수술의 방향은 부작용과 통증의 감소, 빠른 회복을 위해 최소 침습으로 향하고 있다. 로봇 보조 수술은 최소 침습 수술에 최적화되어 있다. 하지만 수술이 덜 침습적일수록 우리가 갖고 있는 시각 및 감각 정보가 적어지고 AI의 역할은 더욱 커진다(Nawrat, 2020).

로봇이 자율적으로 작동하고, 결정을 내리고, 복잡한 작업을 수행하려면 AI가 필요하다. AI를 통해 다양한 경험을 학습하고 새로운 상황에 적응할 수 있어서 로봇의 능력은 더욱 유연하고 다재다능해진다. AI가 없다면 로봇은 미리 정의된 작업 세트를 수행하는 것으로 제한되며 새로운 환경이나 상황에 적응하기 위해 지속적인 인간 개입과 프로그래밍이 필요하다. 그러나 AI를 사용하면 로봇은 환경과의 상호 작용을 통해 학습하고 해당 지식을 사용해 보다 효율적으로 결정을 내리고 작업을 수행할 수 있다(Nawrat, 2023).

AI 로봇 수술 시스템의 발전

로봇 수술 시스템은 AI 기술의 발전과 함께 크게 향상되었다. 초기의 로봇 수술 시스템은 집도의의 동작을 모방하는 수준에 머물렀으나, 현재의 시스템은 AI를 통해 더욱 정밀한 제어와 피드백을 제공할 수 있게 되었다. AI 기반 수술 보조 시스템은 로봇 수술과 컴퓨터 비전 기술의 융합을 통해 발전하고 있다. 이러한 시스템은 수술 중 실시간으로 영상을 분석해 의사에게 피드백을 제공함으로써 수술의 정확성을 높이고 오류를 줄이는 데 기여하고 있다. 수술 장면에서 관심 개체를 정확하게 식별하고 추적하는 AI의 능력은 수술 보조 로봇의 상황 인식과 정확성을 크게 향상시킨다(Liu et al., 2024).

셰이드먼 등(Shademan et al., 2016)은 봉합 도구, 형광 및 3D 이미징, 힘 감지, 서브 밀리미터 위치 지정 도구로 구성된 '스마트 조직 자율 로봇(smart tissue autonomous robot, STAR)'을 설계했다. 외과 의사들은 돼지 장 문합에 대한 수동 수술, 복강경 수술, 로봇 보조 수술에 대해 STAR를 테스트한 결과 STAR 시스템이 제공하는 감독 자율 수술이 우수하다는 사실을 발견했다(Shademan et al., 2016).

자율 문합은 복잡한 영상 처리와 조직 추적, 수술 계획 기술을 필요로 하며, 구조화되지 않은 변형 가능한 환경에서도 정확한 실행이 요구되는 까다로운 연조직 수술 작업이다. 특히 복강경 수술에서는 높은 기동성과 반복성이 필수적이다. 사에이디 등(Saeidi et al., 2022)은 자율 로봇 복강경 수술을 통해 돼지 모델에서 장 문합을 성공적으로 수행했다. 이 자율 시스템은 수동 및 로봇 보조 수술과 비교해 바늘 위치, 봉합사 간격 및 내강 개방성 등에서 뛰어난 성능을 보였다. 이러한 결과는 수술 로봇이 높은 일관성과 정확성을 제공하며, 표준 수술 기술에 대한 접근성을 크게 향상시킬 수 있음을 시사한다.

최소 침습적 시술에서는 피부의 작은 절개 부위를 통해 복잡한 장기를 안전하게 이동시키는 것이 중요하다. 특히 심장 시술에서는 심장을 정지시키지 않고 심폐 우회술 없이 복구하는 기술이 필요하다. 파고게니스 등(Fagogenis et al., 2019)은 벽 추적 알고리즘과 햅틱 비전을 활용해 혈액이 가득한 심장을 탐색하는 자율 로봇 카테터를 개발했다. 이 카테터는 터치 기반 표면 식별과 힘 감지를 통해 심장 내부를 정확하게 따라가며, 생체 내 동물 실험에서 숙련된 임상의와 동등한 성능을 보여 주었다. 자율 항법은 임상의가 절차의 핵심에 집중할 수 있도록 도와주며, 반복 가능한 정확한 도구 동작을 가능하게 한다.

탄와니 등(Tanwani et al., 2021)은 로봇이 인간 행동을 모방해 학습하는 방법을 자동 수술 로봇 개발에 이용했다. 먼저, 사람이 보여 주는 작업에서 중요한 단계(하위 목표)를 추출하고, 이를 사용해 로봇이 작업을 효율적으로 따라가도록 한 뒤 Motion2Vec이라는 시스템을 이용해 이미지의 시간적 순서를 유지하면서 시각적 관찰로부터 로봇이 필요한 작업 단계를 학습시켰다. 봉합 비디오를 통해 로봇이 봉합 작업을 모방하도록 했는데, AI 학습된 로봇은 높은 정확도로 봉합을 시행했다.

수술 중 모니터링과 의사 결정에는 고도의 신호 처리 기술이 활용된다. 현재 센서 피드백으로 수집된 데이터는 수술의 안전을 확보하기 위해 안전 임곗값을 설정하거나 수동으로 관찰되고 있다. 하지만, 이 안전 임곗값은 주로 수동으로 설정되기 때문에 주관적일 수 있어서 수술 작업을 보다 원활하게 수행하기 위해서는 힘 센서와 광학 센서 같은 다중 센서 또는 CT와 형광 투시와 같은 다중 모드 이미지를 조정하는 다중 소스 정보의 융합이 필요하다. 이러한 작업은 수술 과정에서 필요한 정보를 제공하기 위해 다양한 센서의 통합과 처리가 필수적으로 요구되며 AI는 수술 중 모니터링에 도움이 된다 (Liu et al., 2024).

AI 수술 로봇의 임상적 적용 사례

경피 내시경 요추 수술은 안전하고 효과적인 최소 침습 수술로 간주되며 요추 추간판 탈출증 및 척추 협착증 관리에 시행되고 있다. 판 등(Fan et al., 2020)은 정확하고 빠른 수술을 위해 수술 전 계획 시스템, 내비게이션 시스템, 유공 성형술 시스템의 세 가지 시스템을 적용한 AI-로봇 팔을 이용해 수술 부위 타깃을 자동으로 탐색, 천공 성형술과 복부 후관절 절제술까지 제공할 수 있다고 했다. 경피 내시경 요추 수술에 AI 로봇을 이용하면 수술의 정확성과 효율성을 향상시킬 수 있을 뿐 아니라 수술 중 여러 번의 형광 투시를 피해 환자와 의사 모두의 방사선 노출을 최소화하며, 수술 시간을 단축하고 초보자의 학습 곡선을 향상시켜 내시경 척추 수술의 대중화에 도움이 된다고 보고했다.

전립선 비대증 수술에서 아쿠아블레이션 인공지능 로

봇 수술은 아쿠아빔 로봇 시스템을 이용해 고압의 물(워터젯)로 전립선 조직을 정교하게 제거하는 수술법으로, 사전 계획된 수술 내비게이션에 따라 요도 내시경과 초음파 장치를 통해 실시간으로 전립선 및 방광 주변 구조를 분석하며 환자별 다양한 전립선 크기와 모양을 파악한 뒤 정교하게 원하는 부위를 제거할 수 있다. 최근 연구 결과들에 따르면, 이 방법은 전립선 크기에 상관없이 정밀한 수술을 통해 배뇨 증상을 개선하면서도 성기능을 유지할 수 있는 장점이 있다고 보고되었다(Nedbal, 2023).

수술 후 관리

수술 후 발생하는 합병증은 환자의 사망률과 이환율을 높이고 입원 기간을 연장하며, 의료 시스템에 상당한 비용 부담을 초래한다. 이러한 합병증은 치료 과정의 복잡성을 증가시켜 의료 자원과 재정적 부담을 크게 가중시킨다.

웬 등(Wen et al., 2021)은 직장암으로 전방 절제술을 받은 환자들의 성별, 종양 위치, 외과 의사의 용적, 수술적 접근 방식 등 다양한 변수가 포함된 임상 데이터를 이용해 문합부 누출에 영향을 미치는 요인들을 분석했다.

문합부 누출 예측 AI 알고리즘을 적용한 결과, 문합 누출을 효과적으로 예측할 수 있으며 고위험군에서 기능이 저하된 장루가 권장되는지 여부에 대한 조언도 제공할 수 있다는 사실을 알아냈다. 아지미 등(Azimi et al., 2020)은 수술 후 대장 · 직장 감염 환자를 대상으로 수술 후 감염과 통계상 유의미한 연관성이 있는 요인들을 추출하고 이를 다양한 방법으로 분석해 예측 모델을 개발했다. AI 예측 모델을 통해 의사는 환자 입원 시 감염 위험을 추정할 수 있었다.

AI 로봇 수술의 미래

최소 침습으로 높은 정밀도와 낮은 합병증을 가진 로봇 수술이 고도화된 AI와 접목되면서 수술 패러다임의 변화가 예상된다. 이제까지 AI는 보조 수단으로 집도의가 통제권을 유지했으나 앞으로는 완전 자동 수술 로봇이 수술을 시행할 수도 있다. 실제 임상 적용에 사용되기 위해서는 안전성과 유효성에 대한 검증이 필요할 것이다. 먼 미래에는 AI 수술 로봇이 인간이 주도하는 수술 과정 중 여러 부분에 개입해 최적의 솔루션을 제공할 수 있을 것이다. 이러한 기술들은 인간의 감독이나 통제 없이도 독립적으로 최상의 결과를 도출하며 새로운 표준을 제시할 것으로 기대된다(Ashrafian et al., 2017).

참고문헌

Ashrafian, H., et al.(2017). The evolution of robotic surgery: surgical and anaesthetic aspects. *BJA: British journal of anaesthesia*, 119(suppl_1), pp.i72–i84.

Azimi, K., et al.(2020). Post-operative infection prediction and risk factor analysis in colorectal surgery using data mining techniques: a pilot study. *Surgical infections*, 21(9), pp.784–792.

Fagogenis, G., et al.(2019). Autonomous robotic intracardiac catheter navigation using haptic vision. *Science robotics*, 4(29), eaaw1977.

Fan, N., et al.(2020). Design of a robot-assisted system for transforaminal percutaneous endoscopic lumbar surgeries: study protocol. *Journal of orthopaedic surgery and research*, 15, pp.1–7.

Liu, Y., et al.(2024). Evolution of surgical robot systems enhanced by artificial intelligence: A review. *Advanced intelligent systems*, 6(5), 2300268.

Nawrat, Z.(2020). MIS AI-artificial intelligence application in minimally invasive surgery. *Mini-invasive surg*, 4, pp.28–43.

Nawrat, Z.(2023). Introduction to AI-driven surgical robots. *Artif intell surg*, 3(2), pp.90–97.

Nedbal, C., et al.(2023). Will aquablation be the new benchmark for robotic minimally invasive surgical treatment for benign prostatic hyperplasia?. *European urology focus*.

Saeidi, H., et al.(2022). Autonomous robotic laparoscopic surgery for intestinal anastomosis. *Science robotics*, 7(62), eabj2908.

Shademan, A., et al.(2016). Supervised autonomous robotic soft tissue surgery. *Science translational medicine*, 8(337), 337ra64.

Tanwani, A. K., et al.(2021). Sequential robot imitation learning from observations. *The international journal of robotics research*, 40(10–11), pp.1306–1325.

Wen, R., et al.(2021). Machine learning–based random forest predicts anastomotic leakage after anterior resection for rectal cancer. *Journal of gastrointestinal oncology*, 12(3), pp.921–936.

06
환자 관리 최적화

현대 의학은 환자의 건강을 최적화하고 질병을 효과적으로 관리할 수 있도록 급격히 발전했다. AI를 통해 환자의 병력, 유전적 소인, 라이프스타일 요인 등에 대한 방대하고 복잡한 정보들을 종합적으로 분석해 특정 질병이나 재발의 위험을 예측하고 조기 발견할 수 있다. 특히 웨어러블 기기와 센서를 이용한 24시간 원격 모니터링을 통해 환자와 의료진 간 소통을 개선하고 환자의 건강 상태를 실시간으로 파악할 수 있다. AI가 환자 관리에 어떻게 기여하는지, 그리고 각 요소가 어떻게 통합되어 최적의 환자 관리 체계를 구축하는지 살핀다.

AI와 야구?

환자의 병력, 유전적 소인, 라이프 스타일 요인 분석

병력 분석

환자의 병력은 특정 질병의 발생 가능성을 예측하는 데 중요한 요소다. 과거에 앓았던 질병, 수술 이력, 약물 복용 기록 등은 환자의 건강 상태를 종합적으로 평가하는 데 필수적인 정보다. 대규모 전자 건강 기록을 AI로 학습해 임상적으로 관련된 특징을 식별하고 이를 사용해 향후 질병 결과를 예측할 수 있다(Grout et al., 2024).

다타 등(Datta et al., 2022)은 고혈압을 사전에 평가하고 가능한 한 조기에 진단 및 치료를 확립하기 위해 전자 건강 기록 데이터 기반으로 AI 네트워크를 개발해 적용한 결과, 실제 발병하기 최대 2년 전부터 고혈압을 예측할 수 있다고 했다. 이를 통해 의사는 예방적 치료와 모니터링 계획을 세울 수 있다. 또한, 병력 데이터는 정보 추출 및 머신 러닝 알고리즘을 통해 분석될 수 있으며, 이는 개별 환자의 맞춤형 치료 계획을 수립하는 데 중요한 역할을 한다. 예를 들어, 로우 등(Lou et al., 2020)은 유방암 수술 후 10년 이내 결과를 예측하는 AI 알고리즘을 적용한 결과 재발을 잘 예측했으며, 유방암 수술 후 환자 관리의 정확성을 높이고 유방암 수술 후 10년 내 재발 위험 요인에 대한 이해도를 높일 수 있다고 밝혔다.

유전적 소인

유전적 소인은 특정 질병의 발생 가능성을 높이는 중요한 요소 중 하나다. 유전자 분석 기술의 발전으로 개인의 유전적 정보를 분석해 특정 질병에 대한 취약성을 예측할 수 있게 되었다. 예를 들어, BRCA1과 BRCA2 유전자 변이는 유방암과 난소암의 발생 위험을 크게 증가시키는 것으로 알려져 있다(Mehrgou & Akouchekian, 2016). 이러한 유전적 정보를 통해 개인 맞춤형 예방 및 치료 전략을 세울 수 있다. 더 나아가, 유전자 데이터는 정밀 의학의 발전에 중추적인 역할을 한다. AI를 접목시킨 정밀 의학은 개인의 유전 · 환경 · 생활 습관 요인을 종합적으로 고려해 최적의 치료법을 제시하는 접근 방식이다. 이를 통해 환자는 더욱 효과적인 치료를 받을 수 있으며, 부작용을 최소화할 수 있다(Johnson et al., 2021).

라이프 스타일 요인

라이프 스타일 요인은 질병 예방과 관리에서 중요한 역할을 한다. 흡연, 음주, 운동 부족, 불균형한 식습관 등은 다양한 만성 질환의 주요 원인으로 작용한다. 연구에 따르면, 규칙적인 운동과 건강한 식습관을 유지하는 것이 심혈관 질환이나 당뇨병 등의 발생 위험을 크게 줄이는 데 효과적이다. 따라서 환자의 라이프 스타일을 개선하는 것이 질병 예방 및 관리에서 필수적이다. 특히, 만성 질환 관리에서 라이프 스타일 개입의 중요성은 강조되어야 한다. 구안 등(Guan et al., 2023)은 AI를 이용한 당뇨병 관리는 환자와 의료 전문가에게 개인화되고 정확한 데이터 기반 지원을 제공함으로써 당뇨병 치료를 최적화할 수 있는 잠재력을 가지고 있다고 했다. 이러한 접근 방식은 환자의 전반적인 삶의 질을 향상시키며, 의료 비용 절감에도 기여한다.

웨어러블 기기와 센서를 이용한 원격 모니터링

웨어러블 기기의 역할

웨어러블 기기는 심박수, 혈압, 혈당 수치, 수면 패턴 등 다양한 생체 데이터를 지속적으로 수집하고 분석할 수 있어서 환자의 건강 상태를 실시간으로 모니터링하는 데 중요한 역할을 한다. 이러한 웨어러블 기기를 통해 환자의 상태 변화를 조기에 감지하고, 필요 시 즉각적인 조치를 취할 수 있다(Vijayan et al., 2021). 예를 들어, 심박수 모니터링을 통해 부정맥이나 심장 마비의 초기 징후를 발견할 수 있다. 웨어러블 기기는 단순한 데이터 수집 도구를 넘어, 인공지능과 결합해 실시간으로 데이터를 분석하고 이상 징후를 자동으로 경고하는 시스템으로 발전하고 있다. 예를 들면, 웨어러블 사물 인터넷 케어 시스템을 활용한 통합 지능형 장기 요양 서비스 관리 시스템은 건강, 영양, 식이요법, 건강 교육 등을 포함하는 노인 맞춤형 돌봄 서비스에 탁월한 효과를 제공한다(Wang & Hsu, 2023).

원격 모니터링의 장점

원격 모니터링은 환자와 의료진 간의 소통을 개선하고, 환자의 건강 상태를 보다 효과적으로 관리할 수 있게 한다. 환자는 병원 방문 없이도 집에서 편리하게 건강 상태를 모니터링 받을 수 있으며, 의료진은 실시간으로 환자의 상태를 파악해 적절한 조치를 취할 수 있다. 이는 특히 만성 질환 환자나 노약자의 관리에 큰 도움이 된다. 원격 모니터링의 또 다른 장점은 의료 자원의 효율적 사용이다. 병원 방문 횟수를 줄이고, 입원 기간을 단축시킴으로써 의료 비용을 절감할 수 있다. 또한, 의료진은 더 많은 환자를 관리할 수 있어서 의료 서비스의 접근성을 향상시킨다(Snoswell et al., 2020).

사례 연구: 원격 모니터링의 효과

61개의 연구를 메타 분석한 연구에서 심부전 환자에게 웨어러블 기기와 원격 모니터링 시스템을 도입한 결과, 입원율이 크게 감소하고 생존율이 향상된 것으로 나타났다. 이는 잠재적으로 치명적인 심장 리듬 장애 해결과 심박수 최적화, 심장의 전기 활동을 지속적으로 모니터링하는 능력에서 기인한다고 여겨진다(Masotta et al., 2024). 이러한 결과는 원격 모니터링이 환자 관리에 얼마나 효과적인지를 보여 준다.

또 다른 연구 결과 웨어러블 연속 혈당 모니터링(CGM) 센서를 이용한 제1형 당뇨병(T1D) 치료는 혁명을 일으키고 있다. 이 센서는 1~5분마다 실시간으로 현재 혈당 농도와 변화율을 제공하는데, 이는 외인성 인슐린 투여의 결정과 저혈당/고혈당과 같은 향후 부작용 예측을 개선하기 위한 두 가지 핵심 정보다. 당뇨병 기술에 대한 연구에서는 CGM 센서 및 기타 휴대용 장치를 통해 수집된 환자 데이터를 자동으로 분석하고 환자에게 치료 조정에 대한 맞춤형 권장 사항을 제공해 CDSS 개발에도 이용된다(Vettoretti et al., 2020). 이러한 사례들은 원격 모니터링이 다양한 만성 질환 관리에 효과적인 도구임을 시사한다.

환자 관리 최적화를 위한 통합 접근 방식

통합 데이터 플랫폼

환자의 병력, 유전적 소인, 라이프 스타일 요인, 웨어러블 기기에서 수집된 데이터를 통합하는 플랫폼이 필요하다. 이러한 플랫폼은 다양한 데이터 소스를 통합해 종합적인 건강 프로파일을 생성할 수 있으며, 이를 통해 의료진은 보다 정확한 진단과 치료 계획을 수립할 수 있다. 예를 들어, 클라우드 기반 데이터 플랫폼을 이용하면 의료진은 언제 어디서나 환자의 데이터에 접근할 수 있으며, 이는 긴급 상황에서 빠른 의사 결정을 가능하게 한다 (Kumar et al., 2024). 또한, 이러한 플랫폼은 환자와 의료진 간의 데이터 공유를 용이하게 해 환자의 자가 관리 능력을 향상시킬 수 있다.

AI 기반 챗봇

AI 챗봇은 하루 24시간 환자의 문의에 실시간으로 대응할 수 있다. 이를 통해 환자는 언제든지 필요한 정보를 얻을 수 있다. 챗봇을 이용해 간편하게 진료 예약을 하고, 예약 변경이나 취소도 쉽게 할 수 있다. 리마인더 안내로 예약 전 알림 메시지를 보내 환자가 약속을 놓치지 않도록 도와준다. 이는 예약 불이행을 줄여 병원의 운영 효율성을 높일 수 있다. 또한 질병 관련 증상에 대해 챗봇이 이를 평가하고 필요한 경우 적절한 전문의와의 상담을 추천하며, 긴급한 의료 상황을 인식하는 경우 즉각적인 의료 조치를 취하도록 안내한다. 환자에게 질병, 치료법, 예방 조치 등에 대한 신뢰할 수 있는 정보를 제공하고, 만성 질환 환자들에게 자가 관리 방법을 안내해 건강 상태를 유지하도록 하며 복약 지도도 가능하다(Xu et al., 2021). 진료 후에는 환자 만족도 조사로 서비스 개선에 필요한 피드백을 수집해 병원 질 향상에 도움이 된다. 환자가 제공하는 정보를 자동으로 기록하고, 환자의 전자 의료 기록과 통합해 데이터 입력의 번거로움을 줄일 수 있다.

참고문헌

Datta, S., et al.(2022). Predicting hypertension onset from longitudinal electronic health records with deep learning. *JAMIA open*, 5(4), ooac097.

Grout, R., et al.(2024). Predicting disease onset from electronic health records for population health management: A scalable and explainable Deep Learning approach. *Frontiers in artificial intelligence*, 6, 1287541.

Guan, Z., et al.(2023). Artificial intelligence in diabetes management: Advancements, opportunities, and challenges.

Cell reports medicine, 4(10), 101213.

Johnson, K. B., et al.(2021). Precision medicine, AI, and the future of personalized health care. *Clinical and translational science*, 14(1), pp.86–93.

Kumar, K. P., et al.(2024). Secure approach to sharing digitized medical data in a cloud environment. *Data Science and Management*, 7(2), pp.108–118.

Lou, S.–J., et al.(2020). Machine learning algorithms to predict recurrence within 10 years after breast cancer surgery: A prospective cohort study. *Cancers*, 12(12), pp.3817–3834.

Masotta, V., et al.(2024). Telehealth care and remote monitoring strategies in heart failure patients: A systematic review and meta–analysis. *Heart & lung*, 64, pp.149–167.

Mehrgou, A., & Akouchekian, M.(2016). The importance of BRCA1 and BRCA2 genes mutations in breast cancer development. *Medical journal of the Islamic Republic of Iran*, 30, pp.369–380.

Snoswell, C. L., et al.(2020). Determining if telehealth can reduce health system costs: Scoping review. *Journal of medical Internet research*, 22(10), e17298.

Steinfeldt, J., et al.(2024). Medical history predicts phenome–wide disease onset and enables the rapid response to emerging health threats. *Nature communications*, 15(1), pp.4257–4271.

Vettoretti, M., et al.(2020). Advanced diabetes management using artificial intelligence and continuous glucose monitoring sensors. *Sensors*, 20(14), pp.3870–3887.

Vijayan, V., et al.(2021). Review of wearable devices and data collection considerations for connected health. *Sensors*,

21(16), pp.5589-5619.

Wang, W.-H., & Hsu, W.-S.(2023). Integrating artificial intelligence and wearable IoT system in long-term care environments. *Sensors*, 23(13), pp.5913-5925.

Xu, L., et al.(2021). Chatbot for health care and oncology applications using artificial intelligence and machine learning: Systematic review. *JMIR cancer*, 7(4), e27850.

07
예방적 관리 개선

현대 의학은 질병 치료뿐만 아니라 질병 예방에도 중점을 두고 있다. 질병 발생을 줄이고, 더 나아가 전체 인구의 건강을 증진시키기 위해서다. AI는 예방적 관리의 효율성을 크게 향상할 잠재력을 가졌다. 환자의 유전적 데이터와 생활 양식을 분석해 의료진이 고위험 환자를 식별하고 위험 프로필에 맞게 예방적 조치를 취할 수 있도록 도와주는 방법을 탐구해 본다. 또한 AI 가상 보조자가 환자의 건강한 행동을 장려하는 방법에 대해서도 논한다.

AI와 윤동주?

예방적 관리의 필요성

예방적 관리는 질병의 조기 발견과 관리를 통해 건강한 삶을 유지하는 데 필수적이다. 많은 만성 질환은 조기 발견과 예방을 통해 발생률과 사망률을 크게 줄일 수 있다. 예를 들어, 암 · 심혈관 질환 · 당뇨병과 같은 질환은 조기 발견이 매우 중요하다. 예방적 관리의 중요성은 이러한 만성 질환의 예방과 관리에서 두드러지게 나타난다.

예방적 관리는 의료 비용 절감에도 중요한 역할을 한다. 만성 질환의 치료와 관리에 소요되는 막대한 비용은 예방적 조치를 통해 상당 부분 줄일 수 있다. 한 연구에 따르면 한국에서 만성 질환 관리에 소요되는 의료 비용은 2017년 기준 전체 진료비 69조 원 중 28조2000억 원으로 전체의 41%를 차지하고 있다(조비룡, 2021). 이처럼 만성 질환의 발생률과 관리 비용이 지속적으로 증가하는 추세이다.

질병 예측 및 조기 발견

AI 기반 분석의 장점

AI는 방대한 양의 데이터를 처리하고 분석하는 데 뛰어난 성능을 발휘한다. 의료진은 AI를 활용해 환자의 유전적 데이터와 생활 양식을 종합적으로 분석할 수 있으며,

이를 통해 보다 정확한 예측과 맞춤형 예방 조치를 제공할 수 있다. 예를 들어, AI를 활용한 분석은 암, 심장 · 폐 · 피부 · 유전 · 신경 장애 등 수많은 질병을 진단하고 예측하는 데 큰 도움을 줄 수 있다(Ghaffar Nia, 2023).

AI 기반 영상 분석을 통한 초기 암 진단

AI 기반 영상 분석은 다양한 의료 영상 데이터를 활용해 암을 조기에 진단하는 기술로, 인공지능 알고리즘을 이용해 의료 영상에서 미세한 변화를 감지하고 이를 바탕으로 암 여부를 판단할 수 있다. 예를 들어 유방암 검진 시 유방 촬영에서 미세 석회화 자동 탐지 AI를 이용한 결과 높은 수준의 정확도와 민감도, 특이도를 보여 스크리닝 프로그램의 정확도와 효율성을 향상시켜 궁극적으로 더 나은 결과를 제공했다(Pesapane et al., 2023). 폐 종양 검출에 AI를 이용하면 초기 폐암 식별의 정확성과 효능을 크게 향상시킬 뿐만 아니라 임상 의사 결정을 위한 보다 정확한 데이터를 제공할 수 있었다. 동시에 AI 기술은 의료 전문가의 부담을 완화하고, 병변 식별의 효율성을 높이며, 오진 발생을 완화할 수 있는 잠재력을 가지고 있다. 판 등(Fan et al., 2024)은 폐종양을 식별하는 과정에서 AI를 활용해 양성 및 악성 사례의 선별과 감별에서 상당한 정확성을 입증했다.

웨어러블 디바이스와 AI를 이용한 실시간 건강 모니터링

웨어러블 디바이스는 사용자 몸에 착용해 다양한 생체 신호를 실시간으로 모니터링하는 장치로, AI는 이러한 웨어러블 디바이스에서 수집된 데이터를 분석해 건강 상태를 실시간으로 평가하고 예방적 관리를 제공하는 데 중요한 역할을 한다. 스마트 워치를 이용해 심박수, 혈압, 혈중 산소 농도, 수면 패턴 등을 측정할 수 있으며 의료용 센서를 이용해 혈당, 심전도, 체온 등을 실시간으로 모니터링 할 수 있다. 예를 들어 AI와 감지 장치를 융합한 디지털 건강 기술은 혁신적인 기술로서, 질병을 조기에 발견하고 예방하는 데 큰 역할을 할 수 있다. 이러한 기술은 심장병과 같은 주요 질병으로 인한 발병률과 사망률을 줄이는 데 기여할 수 있으며, 인간의 건강과 웰빙을 증진시키는 데 중요한 역할을 할 것으로 기대된다. 후앙 등(Huang et al., 2022)은 웨어러블 센서의 데이터를 AI로 분석한 결과 심장병에 대한 더 빠르고 정확한 예측과 진단이 가능하며, 기존의 통계 방법보다 우수하다는 사실을 발견했다.

데이터 분석 및 예측 모델링

빅 데이터를 활용한 질병 발병 예측

다양한 데이터 소스 통합: AI는 전자 건강 기록, 유전자 정보, 라이프 스타일 데이터 등을 통합 분석해 보다 종합적인 건강 상태를 파악할 수 있다. 데이터 입력을 더 빠르고 정확하며 쉽게 검증할 수 있도록 광학 문자 인식과 음성-텍스트 인식, 기타 자연어 인식 기술과 같은 이미 사용 가능한 AI 도구를 활용해 의료 기록을 디지털화할 수 있다(Krishnan et al., 2023). 토마세프 등(Tomašev et al., 2019)은 70만3782명의 환자들로부터 수집한 다양한 임상 환경을 반영한 전자 건강 기록의 대규모 데이터 세트를 바탕으로, 급성 신장 손상을 48시간 이내에 예측하는 알고리즘을 개발했다.

유전자 데이터 분석을 통한 맞춤형 예방 전략

유전체 시퀀싱 기술을 사용해 개인의 혈액이나 타액, 또는 조직 샘플에서 추출된 DNA로 유전자 데이터를 수집한 뒤, AI 알고리즘을 이용해 유전적 변이를 분석하고 특정 질병과 연관된 변이를 예측할 수 있다. 예를 들어, BRCA1 · BRCA2 변이가 있는 여성은 유방암과 난소암의 위험이 증가할 수 있으므로 정기 검진 등 예방적 치료를 받을 수 있다. 왕 등(Wang et al., 2021)은 병리 슬라이드를 학습한 AI를 통해 BRCA 변이 정보를 제공해 병리과 의사를 보조할 수 있다고 보고했다.

라이프 스타일 데이터와 건강 기록을 결합한 위험 인자 분석

개인의 라이프 스타일 데이터와 건강 기록을 결합하면 보다 정확하고 정교한 건강 위험 인자 분석이 가능하다. 이를 통해 개인 맞춤형 예방 및 관리 전략을 더욱 효과적으로 수립할 수 있다. 하트 등(Hart et al., 2020)은 게놈이나 영상 바이오마커 또는 침습적 시술 없이 개인 건강 데이터만을 기반으로 개별 여성의 자궁 내막암 발병 5년 위험을 예측하는 머신 러닝 모델을 구축했으며, AI 알고리즘 이용 시 의사보다 자궁 내막암 발생 예측 정확도가 높다는 것을 보고했다.

환자 참여 및 커뮤니케이션

챗봇을 이용한 환자 상담 및 교육

AI 챗봇은 환자와의 상호 작용을 통해 건강 정보를 제공하고, 맞춤형 예방 전략을 안내하며, 환자의 질문에 실시간으로 답변하는 기능을 수행한다. 이는 환자의 건강 관리 능력을 향상시키고, 예방적 의료 서비스를 보다 효과적으로 제공하는 데 기여할 수 있다. 챗봇은 환자에게 증상 평가, 지원 정보, 투약 알림, 약속 일정 등의 건강 정보에 대한 연중무휴 24시간 접속을 제공할 수 있으므로 의료진이나 관리자가 없을 때도 언제나 정보를 얻을 수 있다(Clark & Bailey, 2024).

환자와 의료진 간의 효과적인 커뮤니케이션 도구 개발

AI 기반 질환 예방 커뮤니케이션 도구는 환자와 의료진 간의 원활한 소통을 지원하며, 예방적 의료 서비스의 효과성을 높이는 데 중요한 역할을 한다. 이러한 도구는 유전자 데이터, 라이프 스타일 정보, 건강 기록 등을 종합해 맞춤형 예방 전략을 제공하고, 실시간으로 상호 작용할 수 있는 기능을 갖추고 있다.

환자 데이터를 활용한 개인화된 피드백 제공

AI 알고리즘은 환자의 의료 기록, 생체 신호, 유전자 정보 등 다양한 데이터를 분석해 개인의 건강 패턴과 위험 요인을 식별하며, 분석된 데이터를 바탕으로 각 환자에게 최적화되고 고도로 개인화된 치료 계획을 수립할 수 있다. 또한 환자의 상태를 지속적으로 모니터링하고, 필요한 경우 즉각적인 피드백을 제공할 수 있다. 이는 특히 원격 환자 모니터링 시스템에서 중요한 역할을 할 수 있어 환자의 특성과 상태에 맞는 개인화된 건강 정보와 교육 자료를 제공할 수 있고, 이를 통해 환자의 건강 관리를 개선하고 질병 예방에 기여할 수 있다. 예를 들어, AI 가상 보조자는 환자에게 맞춤형 운동 프로그램을 제공하거나 식습관 개선을 위한 조언을 제공할 수 있다. 또한, 정기적인 건강 검진을 독려하고 약물 복용을 잊지 않도록 리마인더를 설정할 수 있다(Graafsma et al., 2024). 이는 환자가 보다 능동적으로 자신의 건강을 관리할 수 있도록 도와준다.

자원 배분 최적화

AI는 의료 리소스(의사, 병상, 의료 장비 등)의 사용을 예측하고 최적화해 의료 시스템의 효율성을 높일 수 있다. 효율적인 예약 관리는 의료 분야에서 좋은 환자 경험과 자원 최적화를 보장하는 중요한 요소다. 그러나 예약 관리의 비효율성과 지연으로 인해 환자들은 불편을 겪고, 의료 서비스 제공자에게는 추가 비용이 발생할 수 있다(INGO, 2024.4.3).

참고문헌

조비룡(2021). 일차의료 만성질환관리 활성화를 위한 심사평가. ≪HIRA Research≫, 1(1), 31-35쪽.

Clark, M., & Bailey, S.(2024). Chatbots in health care: Connecting patients to information. *Canadian journal of health technologies*, 4(1), pp.1-21.

Fan, W., et al.(2024). Diagnostic value of artificial intelligence based on computed tomography (CT) density in benign and malignant pulmonary nodules: A retrospective investigation. *PeerJ*, 12, e16577.

Ghaffar Nia, N., et al.(2023). Evaluation of artificial intelligence techniques in disease diagnosis and prediction. *Discover artificial intelligence*, 3(1), pp.5-18.

Graafsma, J., et al.(2024). The use of artificial intelligence to optimize medication alerts generated by clinical decision support systems: A scoping review. *Journal of the American medical informatics association*, 31(6), pp.1411-1422.

Hart, G. R., et al.(2020). Population-based screening for endometrial cancer: Human vs. machine intelligence. *Frontiers in artificial intelligence*, 3, 539879.

Huang, J.-D., et al.(2022). Applying artificial intelligence to wearable sensor data to diagnose and predict cardiovascular disease: A review. *Sensors*, 22(20), 8002.

INGO(2024.4.3). AI in healthcare: artificial intelligence for appointment management. https://ingo.it/en/blog/news/ai-in-healthcare-artificial-intelligence-for-appointment-management/

Krishnan, G., et al.(2023). Artificial intelligence in clinical medicine: Catalyzing a sustainable global healthcare paradigm. *Frontiers in artificial intelligence*, 6, 1227091.

Pesapane, F., et al.(2023). Deep learning performance for detection and classification of microcalcifications on mammography. *European radiology experimental*, 7(1), pp.69-81.

Tomašev, N., et al.(2019). A clinically applicable approach to continuous prediction of future acute kidney injury. *Nature*, 572(7767), pp.116-119.

Wang, X., et al.(2021). Prediction of BRCA gene mutation in breast cancer based on deep learning and histopathology images. *Frontiers in genetics*, 12, 661109.

08
신약 개발, 임상 연구 가속화

신약 개발과 임상 연구는 현대 의학 발전에 필수 요소다. 그러나 이 과정은 시간과 비용이 많이 소요되며, 성공 확률이 낮은 편이다. 최근 AI의 발전이 이 과정을 혁신할 수 있는 잠재력을 보여주고 있다. AI가 신약 개발과 임상 시험을 어떻게 가속화하고 효율성을 높이는지, 이를 통해 얻을 수 있는 잠재적 혜택이 무엇인지 알아본다. AI 기술의 도입은 새로운 치료 표적을 발견하고 약물 구조를 최적화하는 데 도움을 주며, 임상 시험 설계와 분석에 활용되어 연구의 효율성을 높이고 비용을 절감할 수 있다.

AI와 한의학?

AI를 통한 신약 개발의 가속화

새로운 치료 표적 발견

AI는 방대한 양의 생물학적 데이터를 분석해 새로운 치료 표적을 식별하는 데 탁월한 능력을 보인다. AI 기술은 유전체 데이터 분석에 활용되어 새로운 약물 표적을 발견하고 있다. 딥러닝 알고리즘은 대규모 유전체 데이터에서 패턴을 인식하고 질병과 관련된 유전자 변이를 식별할 수 있다. 이를 통해 특정 질병의 원인 유전자와 새로운 치료 표적을 발견할 수 있다(Quazi, 2022).

백신 개발에서 가장 중요한 단계 중 하나는 백신의 잠재적 항원을 식별하는 것이다. 과거의 전통적인 방법들은 항원을 찾는 데 5~15년 정도의 시간이 소요되었지만, 2000년에 도입된 역백신학 기술 덕분에 1~2년으로 크게 단축되었다. 이와 함께, 다양한 역백신학 도구들이 기계 학습과 인공 지능을 활용해 작동하고 있다. 인공지능을 기반으로 한 모델들은 새로운 항바이러스제나 효과적인 백신 후보를 빠르게 발견하고 최적화하는 데서 큰 잠재력을 보여 주고 있다(Sharma et al., 2022).

약물 구조 최적화

AI는 컴퓨터 모델링을 통해 약물의 화학 구조를 최적화할 수 있다. 이 과정은 신약 후보 물질의 효능과 안정성을 높이는 데 중요한 역할을 한다. AI를 이용한 가상 스크리닝은 수백만 개의 화합물을 빠르게 평가해 잠재적인 약물 후보를 식별할 수 있다. 이는 초기 단계의 약물 개발 시간을 크게 단축할 수 있다(Han et al., 2023) 또한, AI는 약물의 물리적·화학적 특성을 예측해 최적의 약물 후보를 선정하는 데 도움을 줄 수 있다. 자보론코프 등(Zhavoronkov et al., 2019)은 생성 강화 학습을 활용한 새로운 약물 설계 기술을 개발해 DDR1 kinase를 타깃으로 하는 저해제를 특발성 폐섬유증 동물 모델에서 효과적인 선도 물질로 설계, 합성 및 실험적 테스트까지 단 46일 만에 완료했다.

신약 개발 효율성 향상

AI 기술은 신약 개발 과정에서 최적 물질 제시, 실험 결과 예측, 최적 환자군 제시 등의 여러 단계에서 혁신적인 방법으로 기여해 개발 기간을 크게 단축시킬 수 있다. 한국보건산업진흥원의 자료에 의하면 AI 기술을 신약 개발에 적용할 경우, 개발 기간을 7년 단축하고 약 6000억 원의 비용을 절감할 수 있다(박준석, 2024).

임상 시험 설계 및 분석

임상 시험은 신약 개발의 중요한 단계이지만, 매우 비용이 많이 들고 시간이 소요되는 과정이다. AI는 임상 시험의 설계와 분석을 개선해 효율성을 높일 수 있다. AI는 전자 건강 기록과 실세계 데이터를 분석해 적절한 시험 대상자를 선택하고, 시험 결과를 예측하며, 시험 중 발생할 수 있는 문제를 사전에 파악할 수 있다(Chen et al., 2021). 이는 임상 시험의 성공률을 높이고 비용을 절감할 수 있는 중요한 요소다.

푸 등(Fu et al., 2022)은 약물 분자, 표적 질병, 환자 적격성 기준을 기반으로 임상 시험의 성공 여부를 예측할 수 있는 계층적 상호 작용 네트워크(hierarchical interaction network, HINT)라는 알고리즘을 개발해 임상 연구의 효율을 높이는 데 도움이 된다고 보고했다.

임상 연구의 효율성 증대

임상 시험 설계 및 환자 선정 최적화

AI는 기존 임상 시험 데이터를 분석해 연구 대상 질환에 대한 근거 자료를 제시할 수 있으며, 환자 선정/제외 기준 설정에 AI가 근거를 제공해 최적의 대상 환자군을 선정할 수 있다. 또한 AI 모델링을 통해 유효성과 안전성 등 임상 시험 결과를 사전에 예측할 수 있으며, 임상 시험 도중 환자 등록 및 중도 탈락 방지 전략을 제시해 환자 모집과 유지를 최적화할 수 있다(양현수, 2024.4.1).

연구 설계에 임상과 다양한 이미징 데이터를 통합한 고품질의 대규모 데이터 세트를 활용하면, AI 모델은 비용이 많이 드는 수동 검토 없이도 잠재적인 연구 참가자를 효과적으로 선택할 수 있다. 또한, AI는 고급 통계 기법을 사용해 각 참가자의 자연 경과를 예측하고 연구 결과를 평가하도록 훈련될 수 있다. 이러한 데이터 기반 접근 방식 덕분에, AI는 기존의 무작위 대조 시험보다 더 효율적으로 연구를 실행하고 더 강력한 통계적 분석을 제공할 수 있는 잠재력을 가지고 있다(Lee & Lee, 2020).

임상 시험 모집 과정은 매우 복잡해 등록 가능 여부를 판단하려면 의무 기록을 수동으로 검토해야 한다. 환자의 인구 통계, 동반 질환, 포함 기준 및 기타 수많은 정보를 식별해야 하므로 상당한 시간과 노력이 필요하다. 정보가 수집되면 의사 결정이 시작되어야 하며, 이는 등록과 관련해 해당 환자를 인터뷰할 때 환자의 입원 기간 연장을 포함하는 그 자체로 시간과 에너지가 많이 소비된다. AI를 활용한 모집 프로세스는 절차를 간소화하고 자동화할 수 있다. 이로 인해 더 많은 환자를 신속하게 모집할 수 있고, 시험에 가장 적합한 환자를 선별하는 데도 도움이 된다. 또한, 임상 시험 참여에 대한 동기 부여가 높아지면서 연구가 더욱 강력해지고 효과적일 수 있다(Ismail et al., 2023)

하다드 등(Haddad et al., 2021)은 임상 시험에 적합한 환자를 식별하는 능력을 평가하기 위해 AI CDSS를 개발했으며, 유방암 임상 시험에 대한 환자의 적격성을 결정하는 데에서 80% 이상의 정확성 · 민감도 · 특이도를 보여 주었다. CDSS는 임상 시험에서 부적격 환자를 정확하게 제외할 수 있으며 스크리닝 효율성과 정확성을 높일 수 있는 잠재력을 제공했다.

데이터 관리 및 분석

AI는 의료 연구에서 구조화되고 표준화되었으며 디지털 기반 요소를 통해 광범위한 유틸리티 옵션을 제공한다. 임상 시험은 환자 모집, 등록, 빈번한 모니터링, 의학적 준수와 유지 등으로 인해 시간이 많이 걸리는 프로세스다. AI 기반 도구를 사용하면 환자 중심 AI로서 환자의 병력에 대한 모든 기록을 포함해 시험 수명 주기 동안 자동화된 데이터를 생성하고 관리할 수 있다. AI는 지능적으로 데이터를 해석하고 다운스트림 시스템에 정보를 제공하며 필요한 분석 보고서를 자동으로 작성할 수 있다(Chopra et al., 2023).

임상 시험 모니터링과 부작용 예측

AI는 다양한 데이터 소스(예: 전자 차트, 유전자 데이터, 환자 보고서 등)를 통합해 부작용 발생 가능성을 예측할 수 있다. 예를 들어, 구글의 딥마인드(DeepMind)는 의료 데이터를 분석해 특정 약물의 부작용을 예측하는 모델을 개발했다(Dvijotham et al., 2023). 또한 AI는 임상 시험 데이터를 실시간으로 모니터링해 부작용을 조기에 식별하고 환자 안전을 보호하는 데 도움을 줄 수 있으며, 잠재적인 부작용을 예측하고 이를 방지하기 위한 조치를 취하도록 도와줄 수 있다(Hutson, 2024).

비용 절감

AI의 도입은 임상 연구의 비용을 절감하는 데 크게 기여할 수 있다. AI는 임상 시험의 여러 단계를 자동화하고 최적화해 시간과 자원을 절약할 수 있다. 예를 들어, AI는 시험 대상자의 모집과 유지, 데이터 분석, 결과 보고서 작성 등의 과정을 자동화해 인력과 비용을 절감할 수 있다(Askin et al., 2023). AI를 이용한 실시간 데이터 모니터링과 분석을 통해 임상 시험 중 발생할 수 있는 문제를 신속하게 식별하고 대응할 수 있어서 이를 통해 시험의 효율성을 높이고, 불필요한 지연과 비용을 줄일 수 있다. AI는 방대한 양의 실험실 연구 및 임상 개발 과정에서 작성된 문서들을 의미 기반으로 검색하고 요약할 수 있어서 규제 기관 제출에 필요한 자료를 빠르게 수집하고 정리할 수 있다. 의료 규정 작성에서 AI는 다음과 같은 이점이 있다. 1) 수동 데이터 구성 및 예비 초안 작성에 소요되는 시간을 줄여 규제 작성자가 제출 준비의 전략적인 측면에 더 집중할 수 있도록 한다. 2) 규제 문서 작성에 중요한 일관성 검사와 오류 감소를 수행하는 기능을 갖추고 있어서 제출물이 승인 프로세스를 지연시킬 수 있는 일반적인 실수와 불일치가 줄어든다. 3) 끊임없이 변화하는 규제 지침에 따라 최신 변경 사항에 따라 최신 상태를 유지하도록 프로그래밍된 AI 시스템은 새로운 규정을 준수하도록 문서를 자동으로 조정할 수 있다. 4) 출력 품질을 손상시키지 않고도 데이터 볼륨 증가를 처리하도록 쉽게 확장할 수 있다. 이러한 확장성은 여러 제품이나 광범위한 다국적 임상 시험을 포함하는 대규모 프로젝트에도 이용될 수 있다(Criterion Edge, 2024.5.14). 이를 통해 신약 승인 과정을 가속화하고, 신약의 시장 출시 기간을 단축함으로써 비용 절감에 기여 한다.

참고문헌

박준석(2024). 신약 개발 업계의 AI 활용 전망. 기술과 혁신, 464. http://webzine.koita.or.kr/202403-specialissue/%EC%8B%A0%EC%95%BD-%EA%B0%9C%EB%B0%9C-%EC%97%85%EA%B3%84%EC%9D%98-AI-%ED%99%9C%EC%9A%A9-%EC%A0%84%EB%A7%9D

양현수(2024.4.1). 인공지능, 임상시험 시간·비용 줄여…활용도 높아. 청년의사. https://www.docdocdoc.co.kr/news/articleView.html?idxno=3016030

Askin, S., et al.(2023). Artificial intelligence applied to clinical trials: Opportunities and challenges. *Health and technology*, 13(2), pp.203-213.

Chen, Z., et al.(2021). Applications of artificial intelligence in drug development using real-world data. *Drug discovery today*, 26(5), pp.1256-1264.

Chopra, H., et al.(2023). Revolutionizing clinical trials: the role of AI in accelerating medical breakthroughs. *International journal of surgery*, 109(12), pp.4211-4220.

Criterion Edge(2024.5.14). Enhancing regulatory submissions through AI: Innovations in medical writing. https://criterionedge.com/enhancing-regulatory-submissions-through-ai-innovations-in-medical-writing/

Dvijotham, K., et al.(2023). Enhancing the reliability and accuracy of AI-enabled diagnosis via complementarity-driven deferral to clinicians. *Nature medicine*, 29(7), pp.1814-1820.

Fu, T., et al.(2022). Hint: Hierarchical interaction network for clinical-trial-outcome predictions. *Patterns*, 3(4), 100445.

Haddad, T., et al.(2021). Accuracy of an artificial intelligence system for cancer clinical trial eligibility screening: Retrospective pilot study. *JMIR medical informatics*, 9(3), e27767.

Han, R., et al.(2023). Revolutionizing medicinal chemistry: The application of artificial intelligence (AI) in early drug discovery. *Pharmaceuticals*, 16(9), pp.1259-1292.

Hutson, M.(2024). How AI is being used to accelerate clinical trials. *Nature*, 627(8003), pp.S2-S5.

Ismail, A., et al.(2023). The role of artificial intelligence in hastening time to recruitment in clinical trials. *BJR| open*, 5(1), 20220023.

Lee, C. S., & Lee, A. Y.(2020). How artificial intelligence can transform randomized controlled trials. *Translational vision science & technology*, 9(2), p.9.

Quazi, S.(2022). Artificial intelligence and machine learning in precision and genomic medicine. *Medical oncology*, 39(8), pp.120-162.

Sharma, A., et al.(2022). Artificial intelligence-based data-driven strategy to accelerate research, development, and clinical trials of COVID vaccine. *BioMed research international*, 2022(1), 7205241.

Zhavoronkov, A., et al.(2019). Deep learning enables rapid identification of potent DDR1 kinase inhibitors. *Nature biotechnology*, 37(9), pp.1038-1040.

09
의료진 대체

AI와 로봇 기술은 의료 분야에 혁신을 일으키고 있다. 이러한 기술은 다양한 업무를 자동화하고 보완함으로써 의료진이 더 복잡하고 가치 있는 업무에 집중할 수 있도록 지원한다. 특히 내과, 영상의학과, 외과에서의 활용이 두드러지며, AI와 로봇의 결합은 외과 의사나 수술 보조 간호사의 역할을 대체할 가능성도 제기되고 있다. AI와 로봇이 의료진의 역할을 어떻게 대체하고 있는지, 그에 따른 안전성과 효율성 향상에 대해 살피고 가까운 미래에 이들이 의료 분야에서 차지할 위치에 대해 전망해 본다.

AI와 화장품?

AI의 진료 자동화와 보완

진단과 치료 계획

AI는 진료에서 진단 보조 역할을 수행하며, 의료진의 진단 정확성을 높이는 데 기여한다. 예를 들어, IBM의 왓슨(Watson)은 방대한 의료 데이터를 분석해 환자의 증상과 병력을 바탕으로 적절한 진단을 제시할 수 있다(Krishnan et al., 2023). 이는 의료진이 놓칠 수 있는 부분을 보완하고, 보다 정확한 진단을 내리는 데 도움이 된다. AI는 질병 진단과 맞춤형 치료 계획 개발에서부터, 임상의가 보다 효과적으로 의사 결정을 내릴 수 있도록 지원하는 데까지 다양하게 활용될 수 있다. 하지만 AI의 기능은 단순히 반복적인 작업을 자동화하는 것에 그치지 않는다. AI는 환자 치료의 질을 향상시키고, 의료 환경 전체를 혁신하는 기술을 개발하는 데서 핵심적인 역할을 하고 있다(Alowais et al., 2023).

환자 기록 관리

진료에서 환자 기록 관리는 매우 중요한 업무다. AI를 활용한 전자 의무 기록 시스템은 의료진의 기록 업무를 자동화해 시간을 절약하고, 기록의 정확성을 높인다. 전자 의무 기록은 또한 포괄적인 의료 기록, 의료 서비스 제공자와의 효율적인 의사소통, 원격 데이터 액세스, 테스트 결과의 신속한 검색 등 임상 실습에서 다양한 이점을 제공해 궁극적으로 효율성 향상, 환자 안전 향상, 치료 품질 향상으로 이어진다(Bednorz, 2023). AI는 자연어 처리 기술을 통해 환자의 대화 내용을 자동으로 기록하고 분석할 수 있다.

의사 결정, 치료 개선

AI 알고리즘은 최신 연구 논문과 임상 데이터베이스를 분석해 특정 치료법의 효율성과 위험을 평가하고 의사의 의사 결정을 보조해 더 정확하고 효율적인 진단과 치료 계획을 수립하는 데 도움을 줄 수 있다(Bocas, 2023). 또한 환자의 증상, 병력, 검사 결과, 유전자 정보 등 방대한 데이터를 종합적으로 분석해 개인화된 치료법을 제안할 수 있다. 예를 들어, 당뇨병 환자에게 개인의 신진대사에 맞춘 맞춤형 식단 계획을 제공할 수 있다. 이를 통해 의료진은 환자에게 더 적합한 치료 방법을 선택할 수 있다.

AI와 영상의학과

영상 분석

영상의학과에서는 AI가 방사선 이미지를 분석해 질병을 진단하는 데 큰 역할을 한다. AI의 가장 두드러진 장점은 의료 이미지에서 복잡한 패턴을 감지하는 능력이다. AI는 종종 인간의 능력을 뛰어넘어 암과 같은 복잡한 질병이나 신경 장애를 조기에 정확하게 진단할 수 있다. 이는 초기 발견이 치료 결과에 큰 영향을 미치는 경우 특히 중요하다. 예를 들어, AI는 방사선 사진이나 MRI 스캔에서 눈에 보이지 않는 작은 변화를 감지해 조기에 질병을 진단할 수 있다(Khalifa & Albadawy, 2024).

자동화된 보고서 작성

AI는 영상 분석 결과를 기반으로 자동으로 보고서를 작성할 수 있다. 이는 방사선 전문의가 보고서를 작성하는 데 들이는 시간을 절약하고, 보고서의 일관성과 정확성을 높인다. GPT-4를 이용한 영상 판독문 보고 오류 탐지율은 영상의학과 전문의와 비슷해 작업 시간과 비용을 줄일 수 있었다(Gertz et al., 2024). 또한, AI는 과거 기록과 비교 분석해 변화 양상을 파악하는 데 도움을 준다(Pinto- Coelho, 2023).

교육 및 훈련 보조

영상의학과 교육에서도 AI는 중요한 역할을 한다. AI는 전공의들에게 다양한 질환을 가진 가상 환자의 CT, MRI 등을 통해 학습할 수 있도록 지원하며, 가상 현실과 증강 현실 기술로 복잡한 해부학적 구조와 영상을 매칭해 이해도를 높일 수 있다. 영상을 분석할 때 실시간으로 피드백을 제공해 학습 효과를 높일 수 있는데, 예를 들어 올바른 진단과 잘못된 진단에 대한 즉각적인 피드백을 통해 학습자가 자신의 오류를 빠르게 교정할 수 있다(Meşe, 2024)

외과에서의 AI와 로봇

로봇 수술 시스템

로봇 수술 시스템은 외과 수술의 정확성과 안전성을 높이는 데 기여한다. 다빈치 로봇 수술 시스템은 이미 많은 외과 수술에서 사용되고 있으며, 복잡한 수술도 정밀하게 수행할 수 있다. 현재 수술에 사용되는 로봇은 대부분 수동이지만, AI는 이러한 로봇 시스템과 결합해 실시간으로 수술 계획을 조정하고 최적의 절개 위치를 제시해 오류를 줄이고 정밀도를 높이는 등 수술의 효율성을 높일 수 있다.

수술 보조 AI

AI는 수술 보조 간호사의 역할도 대체할 수 있다. AI 기반의 수술 보조 시스템은 수술 전에 필요한 수술 도구와 장비를 준비해 수술 보조 간호사의 반복되는 업무를 줄일 수 있다. 스마트 트레이 시스템으로 수술 중 필요한 수술 도구를 자동으로 인식하고 제공함으로써 수술 시간을 단축시켜 효율성을 높일 수 있다. 또한 환자의 생체 신호를 실시간으로 모니터링하고 이상 징후를 감지해 수술 팀에게 즉각적인 피드백을 제공함으로써 수술 중 발생할 수 있는 사고를 예방할 수 있다. 이는 수술 팀의 협업을 원활하게 하고, 수술의 성공률을 높인다.

수술 후 관리

수술 후 환자의 생체 신호(심박수, 혈압, 체온 등)를 실시간으로 모니터링하고, 이상 징후를 즉각적으로 감지해 보고하거나 환자의 상태와 치료 과정을 자동으로 기록하는 등 AI와 로봇은 의료진의 업무를 대체할 수 있다. 수술 후 데이터를 분석해 합병증 발생 가능성을 예측할 수도 있는데, 예를 들어 상처 감염, 출혈, 심부전 등의 위험을 조기에 감지해 예방 조치를 취할 수 있다. 환자의 상태와 회복 속도에 맞춰 재활 프로그램을 제안하거나 약물 복용 일정을 관리하고, 복용 시기와 용량을 정확히 안내할 수 있다. 이를 통해 환자는 복약 준수도를 높이고 부작용을 줄여 빠르게 일상으로 회복할 수 있다.

학생, 전공의 교육

학생 교육

AI는 학생들의 학습 스타일과 진도를 분석해 개인 맞춤형 학습 계획을 제공할 수 있다. 각 학생의 이해도에 따라 맞춤형 과제를 제공하고 학습 진도를 최적화하며, 학생들의 역량을 종합적으로 분석해 강점과 약점을 파악한 뒤 이를 기반으로 맞춤형 학습 계획을 제시할 수 있다. 또한 학생들의 과제, 시험, 실습 결과를 자동으로 평가하고, 성과를 분석해 객관적이고 일관된 피드백을 제공하는 등 교수의 평가 업무를 크게 줄여 준다. 가상 현실과 증강 현실을 활용한 교육 플랫폼은 3D로 재현된 해부학적 구조와 병리학적 상태를 시각화해 학생들이 보다 깊이 있는 이해를 할 수 있게 돕는다. 다양한 임상 시나리오를 가상으로 재현해 학생들이 실제 임상 상황을 연습할 수 있도록 하며, 이는 응급 상황 대응, 진단 과정, 치료 계획 수립 등의 실습에 유용하게 사용될 수 있다 (Narayanan et al., 2023).

전공의 교육

AI는 방대한 의료 데이터베이스에서 다양한 케이스를 추출하고 분석해 풍부한 학습 자료를 제공할 수 있으며, 가상 현실 또는 증강 현실 시뮬레이션을 통해 희귀 질환이나 복잡한 수술 절차 등 다양한 의료 상황을 실제와 유사하게 연습할 수 있다. 최신 의학 연구 및 임상 가이드라인을 지속적으로 분석해 전공의들에게 최신 정보를 제공함과 동시에 진단 및 치료 계획에 대한 즉각적인 피드백이 가능하다. AI 가상 환자와의 상호 작용을 통한 환자와의 의사소통 기술 연습으로 다양한 상황과 환자 유형에 대응하는 능력을 키울 수 있다. AI 기반 교육은 시간과 장소의 제약 없이 지속적인 학습이 가능하며, 개인의 학습 속도와 스타일에 맞춘 효율적인 교육이 가능하다. 또한 객관적이고 일관된 평가와 피드백을 받을 수 있으며 환자에 대한 위험 부담 없이 다양한 임상 경험을 쌓을 수 있다.

참고문헌

Alowais, S. A., et al.(2023). Revolutionizing healthcare: The role of artificial intelligence in clinical practice. *BMC medical education*, 23(1), pp.689-703.

Bednorz, A., et al.(2023). Use of electronic medical records (EMR) in gerontology: Benefits, considerations and a promising future. Clinical Interventions in Aging, pp.2171-2183.

Bocas, J.(2023). Generative AI: Revolutionizing healthcare with cutting-edge innovations. https://digitalsalutem.com/generative-ai-revolutionizing-health/

Gertz, R. J., et al.(2024). Potential of GPT-4 for detecting errors in radiology reports: Implications for reporting accuracy. *Radiology*, 311(1), e232714.

Khalifa, M., & Albadawy, M.(2024). AI in diagnostic imaging: Revolutionising accuracy and efficiency. *Computer Methods and Programs in Biomedicine Update*, 100146.

Krishnan, G., et al.(2023). Artificial intelligence in clinical medicine: Catalyzing a sustainable global healthcare paradigm. *Frontiers in artificial intelligence*, 6, 1227091.

Meşe, İ., et al.(2024). Educating the next generation of radiologists: a comparative report of ChatGPT and e-learning resources. *Diagnostic and interventional radiology*, 30(3), pp.163-174.

Narayanan, S., et al.(2023). Artificial intelligence revolutionizing the field of medical education. *Cureus*, 15(11), e49604.

Pinto-Coelho, L.(2023). How artificial intelligence is shaping medical imaging technology: A survey of innovations and applications. *Bioengineering*, 10(12), pp.1435-1455.

10
윤리적 고려 사항

AI는 의료 분야의 진단, 치료, 예후 예측 등 다양한 영역에서 긍정적인 영향을 미치고 있다. 그러나 이러한 기술의 발전과 적용은 윤리적 · 법적 문제를 동반한다. AI의 임상 적용에 따른 주요 윤리적 고려 사항을 논의하고, 이를 해결하기 위한 방안을 제시해 본다.

종교와 AI?

개인 정보 보호와 데이터 보안

환자의 민감한 건강 정보 보호

AI 시스템의 임상 적용에서 가장 두드러진 윤리적 문제는 환자의 데이터 수집과 관련된 사생활 침해의 위험성이다. AI는 높은 정확도의 진단 및 치료를 위해 방대한 양의 환자 데이터를 필요로 하며, 이는 환자의 프라이버시 침해 가능성을 높인다. 예를 들어, 환자의 개인 정보가 외부로 유출되거나 악용될 경우 환자의 신뢰가 크게 손상될 수 있다(Khalid et al., 2023). 수집된 데이터는 명시된 목적 외에는 사용되지 않아야 하며, 필요한 최소한의 데이터만 수집해야 한다.

데이터 수집과 활용에 대한 투명성

데이터 수집 과정의 명확성은 환자가 자신의 건강 정보가 어떻게 수집되고 있는지 이해하는 데 필수적이다. 의료 기관과 연구자들은 어떤 데이터를 수집하고, 왜 필요한지에 대해 명확하게 설명해야 한다. 이 과정에서 데이터 수집 방법과 절차도 투명하게 공개되어야 한다. 환자들이 자신의 데이터가 어떻게 수집되고 활용되는지 이해할 수 있도록 돕는 자료를 제공하는 것이 중요하다. 또한, 수집된 데이터가 어디에 어떻게 사용될 것인지에 대한 명확한 정보 제공도 필수적이다. 수집된 데이터가 연구, 진단, 치료 개발 등 다양한 목적으로 사용될 수 있음을 환자에게 구체적으로 설명해야 한다. 이렇게 함으로써 환자들은 자신의 데이터가 어떤 방식으로 활용될 것인지 명확히 알 수 있다.

데이터 침해와 해킹 방지 대책

환자의 데이터를 안전하게 관리하는 것은 매우 중요하다. 데이터 유출을 방지하기 위해서는 강력한 보안 시스템을 구축하고, 정기적인 보안 점검을 실시해야 한다. 또한, 데이터 접근 권한을 제한해 관련이 없는 사용자에게는 접근을 허용하지 않는 것이 중요하다. 데이터 접근 기록인 로그 기록을 남기고, 정기적으로 점검해 부적절한 접근이 없는지 확인해야 한다. 또한, 데이터 수집 과정에서 민감한 정보를 보호하기 위한 기술적 조치가 필요하다. 야다브 등(Yadav et al., 2023)은 연합 학습, 차등 개인 정보 보호 및 암호화 기술과 같은 AI 모델을 사용해 환자의 개인 정보를 보호할 수 있으며, 안전 문제를 책임감 있게 해결할 수 있다고 했다.

환자 동의와 참여

환자가 자신의 데이터를 제공하기 전에 충분한 정보를 제공받고, 이를 바탕으로 자유롭게 결정할 수 있도록 사전 동의가 시행되어야 한다. 환자가 자신의 건강 정보가 어떻게 수집되고, 어디에 사용되며, 어떤 결과를 초래할 수 있는지 이해할 수 있도록 명확하고 자세한 설명이 필요하며 다음과 같은 정보가 제공되어야 한다.

데이터 수집의 목적: 데이터를 수집하는 이유와 이를 통해 달성하고자 하는 목표에 대한 설명.

데이터 활용 방법: 수집된 데이터가 어떻게 분석되고 활용될 것인지에 대한 구체적인 정보.

잠재적 위험과 이익: 데이터 제공으로 인해 발생할 수 있는 잠재적 위험과 기대되는 이익에 대한 설명.

개인 정보 보호 조치: 데이터의 익명화, 가명화 등 개인 정보 보호를 위한 구체적인 조치.

데이터 관리와 보안

AI를 활용한 임상 진료에서 데이터 관리와 보안은 핵심적인 요소다. 환자의 민감한 정보를 다루기 때문에, 데이터 암호화와 접근 제어 등 강력한 보안 프로토콜이 필요하다. 또한, 관련 법규와 윤리 지침을 준수하며, 데이터의 품질과 대표성을 확보해야 한다. 지속적인 모니터링과 업데이트를 통해 효율성과 보안성을 유지하는 것이 중요하다.

알고리즘 편향과 공정성

AI 시스템의 학습 데이터에 내재된 편향은 또 다른 중요한 윤리적 문제다. AI는 학습 데이터에 기반해 결정을 내리기 때문에 데이터에 포함된 편향이 AI의 결과에도 반영될 수 있다. 이는 특정 인종이나 성별 또는 사회적 계층에 대한 차별적 결과를 초래할 수 있다.

데이터 편향의 원인

데이터 편향은 주로 불균형한 데이터 수집에서 비롯된다. 예를 들어, 특정 인종이나 성별에 대한 데이터가 충분하지 않거나 특정 그룹에 대한 데이터가 과대 대표되는 경우, AI는 이러한 편향을 반영하게 된다. 결함이 있는 교육 데이터를 사용하면 반복적으로 오류를 생성하거나, 불공정한 결과를 생성하거나, 결함이 있는 데이터에 내재된 편향을 증폭시키는 알고리즘이 발생할 수 있다. 이러한 알고리즘 편향은 프로그래밍 오류로 인해 발생할 수도 있다. 사람들이 정보를 처리하고 판단을 내릴 때 우리는 필연적으로 경험과 선호도에 영향을 받는다. 결과적으로 사람들은 데이터 선택이나 데이터에 가중치를 부여하는 방식을 통해 AI 시스템에 이러한 편견을 구축할 수 있다(IBM, 2024).

편향 최소화 방법

편향을 최소화하기 위해서는 데이터 전처리 단계에서 편향을 감지하고 수정하는 방법을 적용해야 한다. AI 시스템은 훈련 데이터를 기반으로 결정을 내리는 방법을 학습하므로 데이터 세트에 편견이 있는지 평가하는 것이 필수적이다. 이를 해결하기 위해서는 다양한 인구 통계와 상황을 반영하는 균형 잡힌 데이터 세트를 사용해 데이터의 다양성을 확보하는 것이 이상적이며, 훈련 데이터 내에서 과도 또는 과소 대표되는 그룹에 대한 데이터 샘플링을 검토하는 방법도 있다(IBM, 2024).

최종 책임의 불명확성

AI의 진단과 치료 과정에서 또 다른 문제는 최종 책임의 불명확성이다. AI 시스템이 제공하는 진단이나 치료 결과에 대해 최종적으로 누가 책임을 져야 하는지 명확하지 않은 경우가 많다. 이는 특히 '블랙 박스' 알고리즘의 경우 더욱 두드러지는데, 이러한 알고리즘은 내부 작동 방식을 이해하기 어렵기 때문에 의료진이 결과를 신뢰하기 어렵다(Lang et al., 2023) 예를 들어 영상 판독에 AI를 사용했는데 악성 종양을 놓치고 정상으로 판독해 환자의 진단이 늦어진 경우에 이를 사용한 의사, 의료 기관, AI 서비스 업체 중 어디에 책임이 있는지는 앞으로 해결해야 할 문제다.

책임의 명확화

AI 시스템의 결과에 대한 책임을 명확히 하기 위해서는 시스템의 투명성을 높이고, 결과에 대한 해석 가능성을 제공해야 한다. 이를 위해서는 알고리즘의 작동 원리를 이해하고 설명할 수 있는 '설명 가능한 AI(explainable AI)' 기술이 필요하다(Balasubramaniam et al., 2023). 또한, AI 시스템의 결과를 의료진이 검토하고 최종 결정을 내리는 구조를 유지하는 것이 중요하다. 이를 위해서는 AI 기술을 사용하는 의료인들에게 충분한 교육과 훈련을 제공해 AI 시스템의 한계를 이해하고 적절히 대응할 수 있도록 해야 한다.

법적 책임

AI 시스템의 법적 책임을 명확히 하기 위해서는 관련 법규를 정비하고 책임 주체를 명확히 규정해야 한다. AI 시스템의 진단 및 치료 과정에서 사용할 표준화된 프로토콜이 필요하며, 이는 법적 책임을 명확히 하는 데 도움을 줄 수 있다. 법적 프레임워크 구축으로 다층적 책임 구조를 만드는 것도 해결 방법의 하나다. 예를 들어, AI 시스템 개발자, 의료 기관, 의료진 등 각 주체별로 책임 범위를 명확히 규정하고, 이를 법적으로 보장하는 것이 필요하다. 또한 의료 제공자와 AI 개발자가 공동으로 책임을 지는 경우를 대비해 책임 보험을 도입할 수도 있다.

규제 프레임워크

AI 기술에 대한 규제 프레임워크는 기술의 발전 속도에 맞춰 유연하게 변화해야 한다. 이를 위해서는 규제 기관과 기술 전문가가 긴밀히 협력해 최신 기술 동향을 반영한 규제 기준을 마련해야 한다. 또한, 국제적으로 통용될 수 있는 규제 기준을 마련해 AI 기술의 글로벌 적용 가능성을 높이는 것도 중요하다(World Bank Group, 2024. 8. 5). 예를 들어, 미국의 FDA나 유럽의 CE 인증과 같은 기관의 역할이 중요하다.

참고문헌

Balasubramaniam, N., et al.(2023). Transparency and explainability of AI systems: From ethical guidelines to requirements. *Information and software technology*, 159, 107197.

IBM.(2024). Shedding light on AI bias with real world examples. https://www.ibm.com/blog/shedding-light-on-ai-bias-with-real-world-examples.

Khalid, N., et al.(2023). Privacy-preserving artificial intelligence in healthcare: Techniques and applications. *Comput biology and medicine*, 158. doi:10.1016/j.compbiomed.2023.106848

Lang, B. H., et al.(2023). Responsibility gaps and black box healthcare AI: Shared responsibilization as a solution. *Digital society*, 2(3), pp.52-69.

World Bank Group(2024. 8. 5). Transformative technologies (AI) challenges and principles of regulation. https://digitalregulation.org/3004297-2/

Yadav, N., et al.(2023). Data privacy in healthcare: In the era of artificial intelligence. *Indian dermatology online journal*, 14(6), pp.788-792.

고범석

울산대학교 서울아산병원 교수다. 울산대학교에서 의학박사 학위를 받았다. 대한의료인공지능학회, 대한3D프린팅융합의료학회 창립 멤버로 의료 인공지능과 의료 3D 프린팅 활용에 대해 연구하고 있다. 세계 최초로 '3D 프린팅 유방암 수술가이드'(2015)를 개발해 보건복지부 장관상(2021)을 수상했으며 정밀 수술을 위한 인공지능, 로봇, 3D 프린팅 기술 융합을 고도화하고 있다. 보건복지부 산하 전문평가위원회, 신의료기술평가위원회에서 위원장을 맡아 최신 의료 기술의 요양 급여 여부를 평가하고 있다. '맞춤형 수술가이드 및 맞춤형 수술가이드 생성 방법 및 생성 프로그램'(2018), '인체 주입용 보형물 및 그 제조 방법'(2018) 등 14개의 국내외 특허를 출원, 등록했다. 주요 저서로는 『의료 인공지능 백서』(2020), 『유방암 환자를 위한 치료 안내서』(4~8판, 2010~2022) 등이 있다. "Evaluation of the accuracy of an augmented reality-based tumor-targeting guide for breast-conserving surgery"(2024) 등 100편 이상의 논문을 SCI 등재 학술지에 게재했다.